証拠は語る

―光る真実、消える虚構―

白鷗大学法科大学院長
筑波大学名誉教授
元最高検察庁検事

土本 武司 著

東京法令出版

証拠は語る—光る真実・消える虚構—

目次

各テーマの年月は『捜査研究』登載号を示す。

はしがき

目　次

はしがき

「混沌とした時代に明確なメスを。——豊かな実務経験と精緻な理論構成に裏打ちされた問題意識により、実務の指針に寄与されている土本教授による時事評論の始まりです。」

一九九九年四月、月刊誌『捜査研究』の新連載として書き起こした「インクのしずく」の第一号の、これは編集部員による前文である。以来、毎月書き続けて八年余、一回につき複数のテーマを取り扱ったこともあるので、テーマ数としては一〇〇を超えることになった。そのうちの三五テーマを選んで一冊に編んだのが本書である。

本書の性格は、短文ながら前文によく表わされている。他の世界を知らないまま、三〇年近くを検事生活一筋に生きてきたわたしは、骨の髄まで検事になってしまっており、学者に転じてすでに二〇年に及ぶのに、わたしの内奥で脈打っているのはなお、検事魂である。しかし、一方で、わたしは、ロイヤーとして学問的芳香のする作業への魅力から離れることはできなかった。その意味では、軍医と文学者の二足のワラジを穿《は》いた森鷗外の生きざまが師表となった。そして、検事としての激務をこなしつつ、夜は自分自身にノルマを課した執筆に向かわしめた。検察庁の上司の中には、そういう生き方を批判する者もあったが、わたしにとって生きることそのものになった著述の筆を断つことはできなかった。

ただ、検事在官中は、学者が得意とする論理の一貫性・精緻性よりも法律実務に役立つ具体的妥当性を重視することに力点をおいた（私は法務総合研究所在任中、現職の判・検事の中で唯一人法学博士の学位を得たが、その学位論文を公刊した際、時の検事総長伊藤栄樹氏が、「土本武司君の研究の基本姿勢は、体系性や精緻さよりも実務家として取り扱った事件を通しての問題意識を基本とし、それを学問的に昇華させた実践的理論の構築を目指すという点を特色とする」と草して下さった。）ものの、研究の対象は刑事に関する法律問題に限られていたし、執筆の手法は学問的なそれによっていた。

しかし、「インクのしずく」を書き始めたときは、すでに最高検検事を退官し、学界に転身していたこともあったので、執筆の対象範囲は、刑事司法を中心におくことは変わらないにしても、それに限らず、社会現象全般を視野に入れたし、執筆のタッチは随筆風の軽快なものにした。その結果、本書は広く社会現象を対象にした。〝時事評論〟の実質をもつものとなった。

八年の間の社会変動は著しい。とくに裁判員制度を中心とした司法改革の嵐はすさまじいものがある。事態は絶えず変動していてとどまることを知らない。本書で取り上げた事象もまた、固定的ではありえない。追跡の労を怠ってはならないが、本書では、各テーマにつき、それを取り上げたときのわたしの捉え方、感じ方を修飾することなく、記録にとどめることを中心にして編《あ》んだものであるので、各テーマともそれを書いた時期《とき》との関連においてお読みいただきたい。

本書を上梓するものの、「インクのしずく」の連載を中止するわけではない。今後も、気力・筆力が続くかぎり執筆を継続するので、本書とともに捜査研究誌の「インクのしずく」も御愛読願いたい。

本書の企画から刊行に至るまで、その推進力になっていただいた東京法令出版の金城　清、工藤　敦、野呂瀬裕行の各氏に衷心からの感謝を捧げる。

はしがき

二〇〇七年七月

土　本　武　司

1

宗教テロ―オウム真理教事件―

1　オウムの虚構（一九九九年九月）
―宗教テロへの法的対抗措置―

復活をもくろむオウム真理教

また、ぞろ「オウム」が表舞台ではばたき出した。一九九九年の五月の連休には、東京と名古屋でセミナーが開催されたほか、神田、原宿等東京の目抜き通りで、赤地に白抜きで「オウム真理教」と麗々しく書き上げた幟《のぼり》を立て、サマナ服（オウム服）を着込んだ男女がオウムダンスを踊り、その周辺で道行く若者に、パンフレットを渡して入信を勧誘するなどの街宣活動をした。上記のセミナーもその力点は入信勧誘方法であったとのこと、一九九七年一月、破防法上の団体解散指定請求が棄却された後、活動を続けてきたものの、目立たないことを心がけてきたのに、ここへきて公然と活動を展開するようになったのである。

ここに至るまでに、オウムは再興を期して着々と体制を整えてきた。教祖・麻原彰晃こと松本智津夫の三女・アーチャリー正大師こと松本麗華を主宰者とし、正悟師以上で構成される合議制の意思決定機関「長老部」を頂点に、信徒の教化を担当する「勝議部」、訴訟問題等を扱う「法務部」、報道機関等との対応を担当する「広報部」のほか、「経理部」、「コンピューター事業部」、「出版部」、「法具設備部」、「食糧製造部」等合計一五部門、名称はかつての省庁を擬したそれとは異なるものの、上意下達の組織体制を堅持しているという点では、かつてのオウムと変わりない。

また、活動拠点として、中央機構用のそれが二三か所、支部・道場と称する信徒の修行用施設が全国に一五か所合計三八か所あり、居住施設は首都圏を中心に全国に一〇〇か所ある。それら拠点・居住施設を確保するためにマンション、保養施設、ホテル、工場などを買収・賃借するに当たっては、教団名や使用目的を秘し、関連会社や信徒名を用いて契約を締結するなどし、その後に実態を知った売主・賃貸人や地域住民らとの間で紛争が跡を絶たない。茨城県三和町では、信徒の集団転入届に対し、これを阻止しようとした住民の意向を支持した町当局が同届の受理を拒否するという強硬措置をとるにまで至っている。信徒らの即時退去を求める住民と自治体で組織する「対策協議会」は一二都府県二六か所に上っており、教団が地下鉄サリン事件等一連の凶悪事件への反省と謝罪を何ら表明せず、自ら社会との融和を図る意思が認められない実状からすれば、今後とも地元住民らとの間で軋轢が生ずる可能性は十分ある。

信徒一五〇〇名以上が活動中

教団は、現在、出家信徒五〇〇名以上を擁し、在家信徒も一〇〇〇名を超える者が活動中である。注目すべきは、脱会信徒に対し、教団ホームページ、手紙、電話、面会強要などにより復帰工作をしていること、及び大学生を中心とする青少年層に重点を置き、教団名を用いあるいはこれを秘匿して積極的に新規信徒の獲得に取り組んでいることである。その手段は巧妙・執拗かつ効果的である。一連の事件により検挙された四二八名中、刑の執行終了等で釈放された三六八名のうち一七〇名が復帰しているし、新規信徒の勧誘に対しては、その対象者が一連の事件発生当時は中学生で、事件の重大性を十分認識し得なかったこと、現代の社会では充たされない孤独感がこの組織に入ることによってある種の充実感が得られることが期待できることから、好奇心から勧誘に応じてしまうことが多い。ホームページでは英語による布教も行われており、海外からの問い合わせが数千件に上っている。

パソコン販売をはじめ書籍販売、ヘッドギア等の物品販売等は出家信徒を無給の従業員として活用することにより人件費の大幅圧縮を図り廉価販売を可能にしていることに加え、商品の流通経路から中間卸しを排除した教団独自の仕入ルートを確立していることにより高い収益性を確保しており、その売上げは七〇億円を超えるものと推定されている。ほかにセミナー、説法会等における参加費・布施等の収益も少なくない。

教団の本質は変わったのか

もちろん、このような活動がその外面のとおり、通常の経済活動であり、布教活動であるのであれば、これを敵視する必要はない。重要なことは、この教団の本質がかつての無差別殺人を正当視するそれと何ら変わっていないことである。現在なお「ハルマゲドンが起こる」などと信徒の不安を煽り、「助かる道は真理を実践することしかない。グルへの意識を高めることこそ真理の実践である」として、依然として教義の正当性や麻原こと松本への絶対的帰依を強調しているのである。そこでの教義は松本の説法の〝オウム返し〟にすぎない。そして、信徒を動員して松本の公判を傍聴させ、同人が拘置されている東京拘置所を聖地として〝巡礼〟バスツアーを実施するなどする一方、公安調査庁、警察等治安当局に対する組織防衛策を強化している。この教団が正常な宗教団体を装いつつ、その実は秩序や体制に対する破壊本能、破壊願望を持つ宗教的テロリスト集団であることを忘れてはならない。

かの一連の凶悪事件は、一部の跳ね上がりのメンバーが教団の統率に反して暴走して行われたものではなく、教祖の指揮に従い組織として敢行したものであり、そうである以上、犯行に加担しなかった者も含め、組織員全員が総懺悔《ざんげ》し、自発的に組織を解散して謝罪・反省の態度を示すのが当然である。ところが、一九九七年一月、団体解散指定請求が棄却されたとき、同教団の代表は「我々は正常な宗教団体として認められた。内部を見直し、結束を図る」と広言した。

悔やまれる破防法の不適用

それにしても、この教団に対し団体解散指定の措置がとられなかったことは、返すがえすも悔やまれる。宗教法人格を剝奪し、破産手続を進め、刑事手続による訴追、公判、有罪裁判、刑の執行等現行法上可能な限りの法的規制が加えられ、最後の手段としてこれに団体解散指定をすれば、この教団の息の根を止めることができたのにである。もし、この措置がとられていれば、現在行われているオウムの様々な活動は「当該団体のためにする行為」（破防法八条）に該当するものとして厳しく規制することができる。同指定さえなされていれば、外見上適法行為とみられる行為も規制の対象になるのに対し、それがなければ他の法令に違反しない限り取り締まりようがないのである。いわば、団体解散指定は「根っこ」であり、団体活動は「枝葉」である。「根っこ」がなければ「枝葉」もないが、「根っこ」がある以上、「枝葉」は広がるに任せるほかない。

解散指定請求を棄却したことは、わが国は解散させる法が存在するのにこれを適用せず、最も危険なテロリスト集団の存続を消極的に認めたことになる。国際的には、その瞬間に「日本はテロ容認国」として映った。破防法はその立法時の社会的背景からして、かつての治安維持法と重ね合わせ、頭から稀代の悪法という先入観を持ち、「破防法は法律の核爆弾であり、劇薬である。〝伝家の宝刀〟といっても、いったん抜けば二度、三度と抜きたくなる」と酷評する人がいる。しかし、現存する合法的な団体で、オウム真理教が解散指定されたため、それが拡大適用されて規制対象になるような団体が存在するだろうか。むしろ、逆に「あのオウムにさえ適用できなかった破防法」という先例が作られたことによって、将来出てくるかもしれない内外のテロリスト集団に存在根拠を与えることが危惧される。我々は、かかる集団の存在を許さないという断固たる国家意思を表明することこそ重要なのである。

オウムに対してとるべき措置は

さて、それはそうとして、今、我々は何をすることができ、何をすべきであるか。現行法上はさしたる対策はとり得ないが、考えられるものを挙げれば、第一に、税法上の措置である。前述したように、オウムは活発な企業活動や信徒からの布施によって多額の収益を得ていると推定されるが、法人格がないオウムには宗教法人に対する課税上の優遇措置を受ける資格はないのであるから、課税当局は権利能力なき社団に対する法人税、事業税、固定資産税の申告・賦課が正しく行われているか否かを厳格に調査し、もし脱税があれば加算税を含めた正当税額の課税をなすとともに、捜査当局は脱税犯として捜査し訴追すべきであろう。企業活動に携わる信徒の給与については源泉徴収所得額の徴収・納付が正確に行われているかも調査すべきであろう。

第二に、破産手続上の措置である。宗教法人としてのオウム真理教は解散命令によって解散し破産手続がとられた。解散当時オウムには一九億四〇〇〇万円の現金・預金があったとされるが、破産管財人が差し押さえることができた現金は四七〇〇万円にすぎない。破産手続に入ってから財産隠しをすれば犯罪となるし、それがその後の企業活動の資金になっているなら破産管財人はその転化した資産を差し押さえることができる。関係者はその点に目を光らせるべきである。

第三に、先に述べたように、拠点・居住施設に用いるため土地や建物を入手する際、契約書等関係書類に他人名を用いているが、これは私文書偽造・同行使罪に当る可能性がある。既に、長野県警はこの嫌疑で関係箇所の捜索に乗り出したが、同種容疑は他にもあり得るので捜査を進めるべきであろう。

第四に、パソコンショップ等営業活動に従事している信徒には最低限の給与が支給されていない疑いがある。これは労働基準法違反であるが、信徒自体がそれを承知のうえでワークをしている以上、これを厳しく取り締まるのは適当でないだろう。

以上のいずれの法的措置も散発的で、オウムの持つ潜在的な危険性に対しては抜本的な解決策にならない。かといって、法治国家において法を歪《ま》げて強硬な措置をとることは許されない。その意味で、転入届に対し、その要件が具備している限りこれを拒否するのは、いかに住民意思を尊重するものであっても許されない。

効果的な刑事立法は何か

やはり根本的措置は立法を待つほかないようである。この点について「オウム対策特別立法」を考えるべきであるとの提言がなされている。確かに、今やオウム問題は社会問題化しているが、法は一般的・抽象的規範であるので、オウムのみを狙い打ちするような立法は避けるべきである。一般的・抽象的規範としての立法を考えるとき、検討すべき事項は、過去の違法行為に対する法規制として実体的、手続的に効果的な刑事立法は何か、行政的に将来の危険を防止するための団体規制の方策は何かという両面であろう。前者については組織的犯罪に着目した組織犯罪対策法という類《たぐい》の立法を考えるべきであろう。組織犯罪は、表面に出て違法行為を実行するのは末端の分子であって、これをいくら検挙しても、いくらでも交換・補充がきくので核の部分では何ら支障が生じない。組織犯罪対策はその中核を検挙し組織力を疲弊させてこそその目的を達することができるが、個人犯罪本位の現行刑事訴訟法だけではこれに十分対処できない。実体面では、犯罪によって得た収益を剝奪し、組織存続の資金源を絶ち、手続面では、組織内部に食い込んで中核を構成する者の指示・謀議を把握するための通信傍受や潜入捜査等新たな捜査手法を導入する立法が効果的である。その意味で先ごろ国会で、こういう内容を盛り込んだ「組織犯罪対策三法」が可決成立したことは歓迎すべきことである。

破防法改正

後者については、わが国に破防法という団体規制法が現存する以上、新規立法ではなく、破防法の不十分な部分を改正するという方法で対処すべきである。一九五二年、当時の左翼の暴力主義的破壊活動を念頭に置いて立法された現行破防法は、カルト宗教団体等を視野に入れてはおらず、また「結社の自由」との関係で団体規制は厳しい要件を必要とし、そのため同法施行以来多くの破壊活動を繰り返した極左グループにもこれを適用できず、オウムに対してもまた、厚い要件の壁に遮《はば》まれて不適用となった。

実体的要件

そこで改正すべき第一はその実体的要件である。まず、「政治目的」の要件。現行法は、「政治上の主義・施設を推進・支持・反対する」いわゆる「政治目的」を必要要件としているが、目的・動機が何であれ国家・社会の破壊を目指して行動する団体の存在を許さないという姿勢が必要なのであるから、目的を「政治」に限定する必要はないというべきであり、この目的要件は削除されるべきである。次に、「将来の危険性」の要件。団体規制処分の性格は、団体の過去の暴力主義的活動の責任を追及するというのではなく、その団体が将来更に同様の破壊活動を行うおそれがある場合に、そのおそれを未然に防止するという一種の保安処分である。外国の立法例では、将来の違法行為の危険を要件としても、現実に違法行為を実行したことを要件としていない例が多い（ドイツ、フランス等）。わが破防法は過去の暴力主義的破壊活動と将来の危険性との両方の存在を要件としている。それは団体規制を抑制的にすることに役立つが、この両要件を残すにしても、将来の行動は特段の事情がない限り過去の行動パターンの延長線上にあるとの行動科学上の法則に基づき、過去に暴力主義的破壊活動があったことが立証されれば、当該団体側から「将来の危険性」がない旨の反証が成功しない限り、それがあると推定されるとすべきである。その三は「解散指定の効果」。解散指定の法的性質は当該団体が破防法七条に該当することを確認し、それを宣言するという確認的行政処分にすぎず、団体を解散すべしという義務を設定する命令的処分ではない。つまり、当該団体に解散団体というレッテルを貼るにすぎないのであって、社会的実在としての団体は残存していても解散指定処分に反するとはいえないのであり、単に「当該団体のためにする行為」を禁ずることにより、間接的に、団体が自主的に解散せざるを得なくするという謙抑的なものになっている。外国の立法例のように、当該団体の構成員であること自体を処罰の対象とするなど直接的な効果が生ずるよう改正する必要があろう。

手続的要件

改正すべき第二は手続的要件である。現行破防法上、団体規制処分の権限は行政委員会である公安審査会が持ち、公安調査庁による調査・処分請求をまって審査・処分決定をするという弾劾的訴訟構造類似の準司法手続に従って行政審判方式をとっているが、団体規制の必要性・緊急性の要請に適合した手続構造にするため、①事後的な司法救済の道を開けておくにしても、単一の行政庁に調査・処分権限を与えることにするか、裁判所にその権限を与え、ただ高等裁判所を第一審とする二審級制にして迅速性の要請に応えるようにすること、②「告知・聴聞の原則」から「弁明の機会」を与える必要はあるが、弁明の期日及び時間については緊急性の要請に反しない限度で行われるべきであり、オウム事件におけるそれのように六か月にわたり六回もの弁明期日を設けることは、この手続の本質に反するというべきである。

2 死刑と無期刑の分水嶺（一九九九年一一月）
―地下鉄サリン事件横山判決と林判決を比べて―

地下鉄サリン事件で初の死刑判決

一九九九年九月三〇日、「地下鉄サリン事件」の実行犯の一人である横山真人被告人に対し、死刑判決が言い渡された。

同事件は、一九九五年三月二〇日、いずれも東京・霞ヶ関を通過する三路線・五列車内で、猛毒ガス・サリンが撒かれ、三八〇〇名にのぼる人が負傷し、一二名が死亡したという大事件であり、一連のオウム関連事件の中でも最も社会を震憾させたものである。オウム事件の中では、坂本弁護士一家殺害事件の実行犯の一人である岡崎一明被告人に対し死刑が言い渡されているが、地下鉄サリン事件では初の死刑判決である。

同事件は、当時、目黒公証役場の事務長逮捕監禁事件について警察の強制捜査が見込まれていたところ、サリンを地下鉄列車内に撒き、多数の乗客らを殺害して、首都中心部を大混乱に陥れて警察組織に打撃を与えることにより、強制捜査を阻止しようと企図し、教祖麻原彰晃こと松本智津夫の命を受けた科学技術省大臣村井秀夫の総指揮により、被告人ら五名が実行役となり、各人がサリン入りのナイロン・ポリエチレン袋二袋ずつを持って、五列車に一人ずつ乗り込み、それぞれ、それを床に置いて所携の傘の先端で突き刺してサリンを電車内に発散させるという方法で実行したというものであり、実行犯五名が松本らと共に起訴された。そして、その中で最初に言い渡された判決が、一九九九年年五月二六日言渡しの林郁夫に対するそれであるが、その刑は求刑・判決ともに「無期懲役」であった。同じ実行犯であるのに、何が林・無期、横山・死刑と分かれさせたのか、それは妥当であるといえるか。

共謀共同正犯における各人の量刑

この事件は典型的な共謀共同正犯としての犯行である。林の事件と横山の事件とは同じ東京地裁であっても係属部が異なる（林は刑事五部、横山は同六部）が、いずれもこれを認めた。共同正犯には〝一部実行・全部責任〟の法理が働く。したがって、実行犯五名は、それぞれの分担行為の態様・程度に関係なく、共同実行行為によって実現した一二の殺人と三八〇〇にのぼる殺人未遂の全体につき正犯としての責任を負うのである。検察官は、実行犯それぞれの行為が共通目的達成のために必要であって、しかも互いの行為がそれぞれ相互依存の関係にあったとして、このことを強調している。

しかし、一方において、〝違法判断は一般的に、責任判断は個別的に〟の法理があることを忘れてはならない。とりわけ刑の量定に当たっては、個別・具体的な情状によって行為者ごとに異なることはあり得る。この個別的情状面をみると、横山のそれの方が林のそれよりも有利な点が多いのである。すなわち、①教団内の地位は、林は大臣（治療省）であるのに対し、横山は次官（科学技術省）に止《とど》まり、②起訴（判決）事実は、林については公証役場事務長監禁致死事件を含め六件もあるのに対し、横山については本件以外に小銃製造事件一件のみであり、③本人の実行行為と因果関係をもつ結果は、林のそれは二名の死者が発生しているのに対し、横山のそれは死者が出ていない。

以上のうち、量刑事情としては、③が重要である。殺人罪のような結果犯にあっては、行為のほかに結果の発生の有無、すなわち殺人が既遂に達したか未遂に止まったかは量刑上も斟酌されるのが通常である。結果が発生したか否かは、しばしば偶然の事情に左右され、行為者の意思・行動に起因するものではない。しかし、さればといって、死の結果が出た場合と傷害に止まった場合とを量刑上同一視することは社会通念に反する。そのことは単独犯の場合はもちろん、共犯の場合についてもいえる。AとBがC・Dを殺害することを共謀し、行為の分担として、AがCに、BがDにそれぞれ暴行を加えたところ、Cは死亡したがDは傷害を負うに止まったという場合、A・Bが共に、Cに対する殺人とDに対する殺人未遂の刑責を負うが、量刑としては、自己の行為から死の結果が発生しなかったBについては死の結果を発生せしめたAよりも情状軽いと言わざるを得ないであろう。

横山被告と他の実行犯との行為上の違い

横山については、このような一般論のほかに、次のような本件の特殊事情も付加することができる。その一は、横山のサリン散布行為の影響は他の列車の乗客等には及ばないということである。本件は路線ないし進行方向の異なる走行中の列車の中で敢行された。横山は丸ノ内線池袋方面行きの列車が四谷駅近くを走行中、同車内でサリンを撒いたが、その影響は同列車の乗客のみに及び、他の四列車の乗客等には物理的に及び得ない状況にあった。つまり、各列車ごとに行為の独立性が強く、相互依存性が乏しい。このようなケースでは、全行為者が生じた全事実につき責任が生ずるといっても、量刑面では個別事情を考慮しなければならない要素が強い。その二は、横山は用意した二袋のサリンのうち一袋しか穴を開けなかったということである。本件では、事前謀議に基づき、サリン入りの袋を二袋ずつ持って割り当てられた列車に乗り込んだ実行犯五名のうち、他の四名は二袋とも傘の先端で袋に穴を開けてサリンを発散させたが、横山は一袋しか穴を開けず、したがって、もう一袋のサリンは何ら効果を生じなかった。このことが、他の四列車からは死者が出て、横山の列車からは死者が出なかったことの大きな要因になっていると推認できる。横山が一袋しか穴を開けなかったことにつき、検察官は「外部的諸条件による偶然の結果であって被告人の意図したところでない」と一蹴している（論告）が、客観的事実として、他の実行犯が二袋に穴を開けたのに横山のみは一袋しか開けなかったということは、少なくとも横山の実行行為としての穴を開けるという動作が、他の実行犯に比し、その回数・力強さにおいて微弱であったということがいえる。そうすると、死者不発生という事態がすべて偶然の結果であるとはいえず、横山の行為の程度に起因する部分があることになり、量刑上それを無視してよいかが問題となるのである。本判決も、この事情を、量刑判断上、「一定の限度で被告人にとって有利に斟酌すべき」ものと判示している。

しかしながら、本件には、一般の事件では斟酌される量刑上の個別事情を超える特性があることを考えなければならない。それは本件が組織的・計画的なテロ行為であるということである。検察官が主張するように、本件は、前記のような目的のもと、「教団教祖である松本の指示を受けた被告人らが一糸乱れず一丸となって敢行した無差別大量殺りくテロ」（論告）であり、本件の特性をこのようなものとしてとらえれば、本件にあっては、実行犯ごとの個別的情状を超えて「結果全体を考慮に入れて刑の量定をしても、何ら不合理ではない」（本判決）という量刑判断の基本姿勢になる。

わが国犯罪史上未曾有のこの事件のもつ特性に照らせば、こういう判断姿勢は正しい。この事件の量刑に当たっては、実行犯ごとの個別事情は過大視してはならないのである。しかし、それならば同じ実行犯である林と横山の間に、なぜ無期と死刑という差をつけなければならなかったかという冒頭掲記の問題に逢着する。

林被告無期、横山被告死刑。その違いは

林に対する判決は、同人の情状として、①同人は真摯な反省・悔悟の念に基づいて自首、自白をし、これによって本件を含め教団の行った犯罪の解明に多大な寄与・貢献をしたこと、②同人にとって、教団の教祖は絶対的な存在であり、同人が教祖から実行役を指示された際に、これに抗することは困難であったこと、また、③前記逮捕監禁致死の事実については、同人は、犯行の発案・計画に参画しておらず、被害者を施設に連行する行為にも直接加わっていなかったうえ、同人は、被害者の身体を管理していたが、同人の管理状況が被害者の死因に直結していないこと、④同人は、医療技術を悪用したことを深く反省し、死亡した地下鉄職員の遺族に対し、謝罪の手紙を送るなどして慰藉の努力をしていること等の点を指摘している。

そして同判決は、「本件は、あまりに重大であり、被告人の行った犯罪自体に着目するならば、極刑以外の結論はあろうはずがない」としながらも、以上のような事情に鑑みて、無期懲役刑を言い渡した。

しかし、②は横山にとっても全く同じ情状であり、③についてはそもそも横山は同事件に関知しておらず、④については林は、いわば言葉のうえの謝罪だけであるが、横山は三〇〇万円を寄附して行動面での謝罪をしている。そして、それ以外の情状でも、前述したように、横山には林のそれより有利な情状がある。そうすると、残るは①の点である。なるほど林は逮捕後、早々と教団を脱会して本件につき自白（自首）をし、それによって本件の共犯事実のほか一連のオウム事件の捜査が進展したのに対し、横山は犯行を大筋で認めたもののそれは〝小出し〟の感を免れず、また教団脱会を明示していない。そこに反省・悔悟の念が乏しいとみられてもやむを得ないものがある。問題は、そのような犯行後の情状を、死刑と無期に分かれせしめる尺度とすることが果たして妥当であるかということである。

死刑と無期刑との大きな隔たり

現行刑法上、刑罰（主刑）は科料、拘留、罰金、禁錮、懲役、死刑の六種類に分けられ、順次、前者より後者が重いものとされている。そして、禁錮、懲役は有期刑と無期刑に分けられているので、死刑の次に重い刑は無期懲役とされている。しかし、私は、現行刑罰制度は質的には死刑と無期懲役以下の刑との二種に大別できると思う。なぜなら、まず、財産刑である罰金、科料は一見〝金〟で責任をとるようにみえるが、それらを納付しないときは換刑処分としての労役場留置が待ち受けており、究極的には〝体〟で責任をとらなければならないという意味では、自由刑である懲役、禁錮、拘留と質的な差はなく、量的な違いしかない。次に、有期懲役（禁錮）と無期懲役（禁錮）との違いはどうか。無期刑が文字どおり生涯牢獄に繋がれるもの、すなわち絶対的終身刑であれば、それは実質において〝緩慢なる死刑〟として有期刑とは質的な違いがあるといえる。しかし、現行の無期刑は法律上一〇年服役すれば仮出獄が許されることになっており、実際上も一七〜二〇年服役すれば例外なく仮出獄している。これは実質において有期刑と量的な差異しかないことを意味する。これに対し、死刑は判決が確定すれば、その執行があるのみで、恩赦による出獄以外に執行を免れる道はない。いわば、無期刑囚には社会に帰還し得る〝生〟の窓が開いているのに対し、死刑囚はその前方に〝死〟のみが待ち受けているのであり、両者の間には天地の隔りほどの質的な差異がある。

犯行後の情状の有無とは

さて、無期刑と死刑とにこのように大きな隔たりがあるとすると、一体、自白とか改悛の情とかの犯行後の情状の有無が両者を分ける分水嶺になり得るのであろうか。わが国では「過《あやま》ちては則《すなわ》ち改むるに憚《はばか》ること勿《なか》れ」の論語の教えが重視され、「謝罪」に大きな価値がおかれ、

「過ち」によっていったん破壊された社会秩序も「謝罪」によって原状に回復するという感覚が浸透している。それは社会倫理規範の一つであるが、それが刑事司法の軸にもなり、しばしば、起訴猶予、執行猶予、刑の減軽の理由に用いられている。しかし、欧米の人の目からみれば、事後の謝罪が刑事処分の帰趨や刑の量定にまで影響するというのは奇異なこととして映る。なぜなら、このような日本型取扱いは、どんな凶悪犯罪を犯しても、犯行後に「アイ　アム　ソーリー」と言いさえすれば極刑を免れることになるからである。しかも、さようなリップ・サービスは容易にできることであるだけに、同種凶悪犯罪を再生産させることに結びつきかねない。先の論語の教えは、社会倫理規範として重要な機能を営んでいるが、法の世界では、過ちを改めたところで過ちが消滅するものではない。また、こ聡《ざと》くて、表現能力に長《た》けている者は真意が何であれ、〝改悛の情〟を披瀝《れき》し、他の人の同情心を掻き立てて有利な量刑判断を得ることができるのに対し、口下手で、表現能力が乏しい者はそれが不得手であるため不利な量刑判断を受けてしまうという、本来量刑判断の物差しにしてはならない事情が量刑上ものを言って、公平に反する結果を招来しかねないことにもなる。

さらに、自白の有無によって刑の軽重が決せられるとすれば、憲法・刑事訴訟法が保障する黙秘権を間接的に侵害することになりかねないし、捜査への協力や事案解明への貢献を重視することは司法取引を肯定することに結びつきかねない。

もちろん、自白、改悟の情などの犯行後の情状を全く考慮してはならないというのではない。あらゆる情状の中の一つとして、例えば、有期刑の刑期決定に当たり、一〇〜二〇パーセント軽減する程度の機能をもつものとして評価することは許されよう。しかし、死刑と無期との選択に迫られたときは、犯行それ自体の情状を基礎にして量刑を決定すべきであり、犯行後の情状をその決定的量刑事情として過大評価すべきではないのである。その意味において、林に対する判決は、「被告人の行った犯罪自体に着目するならば、極刑以外の結論はあろうはずがない」としながら、無期刑の結論を出したのは、横山に対するそれが極刑であるだけに問題を残したといえる。

終わりに

終わりに、次の三点を付加しておこう。

その一。林、横山両名に対する判決が出たこと、及び実行犯の送迎役五名のうち北村浩一、外崎清隆両名に対して既に求刑があったこと（いずれも無期懲役）からして、地下鉄サリン事件関係者全員に対する検察官の求刑基準が見えてきた。原則として、実行役に対しては死刑、送迎役に対しては無期刑、特別の事情がある場合は、一段軽い刑にする、というものである。そこには、この事件の「組織的テロ犯罪」という特性を重視した厳しい姿勢が見られる。そういう姿勢は国民の支持を得られようが、それだけに、一段軽い刑にする場合の「特別な事情」は、情緒的でなく、十分に合理的なものであることを求めたい。組織的犯罪による全部責任を強調するなら、個別的情状はすべての被告人につき極力制限的・例外的に評価するという態度をとってこそ論理的であり、公平の観念にも合致するというものである。

その二。現行の相対的無期制度は、前述したように、死刑との懸隔がありすぎるうえ、犯人が仮出獄によって社会で平然と生き続けることに対する被害者の遺族感情上も問題があるので、絶対的終身刑の採用を検討すべきであろう。

その三。地方自治体住民の強力な「反オウム」の運動に抵抗し切れなくなったのか、最近、オウムは何やら柔軟策を打ち出してきたが、依然として、一連の犯行が教祖・松本の指示による組織的犯行であることを認めようとしない。現行の法制下にあって、裁判所の事実認定は最も信頼に足るものであるが、林、岡崎、そして横山と相次ぐ判決によってそのことがはっきり認定された以上、オウムとしては、一連の犯行が松本の絶対命令下で組織として（一部のはね上がりの犯行としてではなく）敢行されたことを認め、全員が総懺悔し、自発的に解散し、財産をすべて投げ出すという挙に出るべきである。すべてはそこから始まる。それをしないかぎり、いかなる小細工を弄しても何人もオウムを信じないであろう。

3 実のある撤退（二〇〇〇年一一月）

―公訴の取消し、訴因の撤回―

公訴の取消し

二〇〇〇年一〇月四日、「オウム事件」の主犯である麻原彰晃こと松本智津夫被告人の公判につき、検察によって注目すべき措置がとられ、世の大きな関心を呼んだ。起訴された一七の事件のうち、審理入りしていない覚せい剤やＬＳＤなどの薬物密造事件四件の公訴が取り消されたのである。

実は、同事件の公判については、三年近く前に、もっと注目すべき措置がとられている。一九九七年一二月二日、いわゆる「松本サリン事件」及び「地下鉄サリン事件」の訴因の大部分を撤回するという措置がとられているのである。すなわち、殺人・同未遂で起訴された両サリン事件の被害者は、「松本」における殺人のそれ（死者）が七名、同未遂のそれ（負傷者）が一四四名、「地下鉄」における殺人のそれが一二名、同未遂のそれが三七九四名で、両事件の被害者を合計すると、死者一九名、負傷者三九三八名の多くにのぼるが、このうち、殺人未遂の被害者中、「松本」の一四〇名、「地下鉄」の三七八〇名、合計三九二〇名にかかる訴因が撤回されたのであり、訴因として残されたのは、「松本」の四名、「地下鉄」の一四名、合計一八名にかかる事実のみで、これに殺人被害者一九名にかかる事実を含めても三七名が訴因として残されたにとどまったのである。四〇〇〇名近い殺人未遂の被害者をわずか一八名に絞り込んだ、すなわち、二百分の一に縮小したのであるから、その撤回率は極めて大きい。

ところで、この措置は「訴因の撤回」（刑訴法三一二条）であって、「公訴の取消」（同法二五七条）ではない。裁判所の審判の対象から外《はず》し取るという点では両者とも同じであるが、公訴の取消しは一つの罪を構成する公訴事実の全部を撤回すること（例えば、日時・場所を異にする二個の窃盗の起訴事実のうちの一個を撤回するような場合）であるのに対し、訴因の撤回は、牽連犯や観念的競合犯など科刑上一罪を構成する公訴事実の一部の訴因を撤回すること（例えば、手段・結果の関係にある――牽連犯である――住居侵入・窃盗のうちの住居侵入を撤回するような場合）である（なお、同一機会における現金・宝石の窃盗のうち、現金窃盗部分を撤回するように、訴因の一部を撤回するのは訴因の変更である。）。「松本」は、サリンを撒くという一個の行為によって、複数の殺人罪・同未遂罪を犯したのであるから観念的競合犯で、公訴事実は一個であり、したがって、その一部の訴因を撤回した措置は訴因の撤回である。「地下鉄」は、三路線五列車の中で犯行が実行されたので、各列車ごとに一罪が成立する――したがって、公訴事実は五個――が、その各列車ごとの犯行は、「松本」と同様、一個の行為によって複数の犯罪を行ったことになるから、観念的競合犯であり、それぞれの一部を撤回した措置はやはり訴因の撤回である。

訴因の撤回というのは、一般になじみが薄いせいか、両サリン事件の訴因の撤回がなされたときは、マス・メディアが、このたびの公訴の取消しほどは大きく取り上げなかった。しかし、殺人・殺人未遂という重大事件について、起訴事実を二〇〇分の一に縮小するという大規模な訴因の撤回であるという意味では、今回の公訴取消しより刮目すべき措置であったのである。

起訴猶予と起訴取消し

そもそも、わが国の刑事司法の大きな特色の一つは、起訴便宜主義（同法二四八条）の活用である。わが国における一般刑法犯の起訴率は、おおむね六〇パーセントで、四〇パーセントは不起訴になっており、しかもその大部分は、「起訴猶予」である。この、客観的嫌疑はあっても刑事政策的配慮から訴追を差し控えるという起訴猶予制度は、これを認める規定がなかった旧々刑事訴訟法（明治刑訴）当時から活用されてきたものであり、検察の「柔軟性」を示すものとして、国民からも支持されてきた。しかし、起訴便宜主義における検察の「柔軟性」は訴追裁量というただ一点に凝縮して現れ、いったん起訴と決まれば、検察官の行動は、むしろ法定主義に転化する。すなわち、公訴提起後は、検察官はかたくななまでの「厳格性」を維持する。このことが、公訴取消制度の運用状況に象徴的に現れている。現行法上、検察官には、広範な訴追裁量権が与えられているとともに、公訴取消権も、時期的制限（第一審の判決があるまで）以外はほとんど無制限に与えられている（同法二五七条）。弁護人や裁判所の同意も必要としない。これは、現行法が起訴便宜主義をとることの当然の帰結である。訴訟の舞台に上げるか否かの自由が検察官にある以上、いったん上げたものを下げるのも検察官の自由裁量に属するとするのが当然であり、それによって被告人に利益になりこそすれ、不利益になることはないからである。ところが、わが国の実務では、起訴猶予にするのは他に例を見ないほど多いのに、いったん起訴した事件については、その起訴を取り消すということは極めて少ない。起訴した以上、立証を尽くして有罪判決を獲得するのが当然であって、事実面の理由にしろ、情状面の理由にしろ、これを取り消して撤退することは許されないというのがわが検察の基本姿勢である。そこで、従来公訴が取り消されたのは、被告人の所在不明、回復見込みのない重病の罹患、人違い起訴の判明、外国人である被告人の強制送還等、公判審理を継続することが事実上不可能になった場合、あるいは、公判係属中、同種事件についての最高裁判例の新しい法解釈の出現により、公訴を維持しても無罪・免訴・公訴棄却になることが明白となった場合などの極めてわずかな例しかない。

公訴の取消しの現況がそうであるが、訴因の撤回に至っては、さらに皆無に近い。学説上も、訴因の変更・追加については現行法上の重要テーマの一つとして活発かつ精緻な論議が行われているが、訴因の撤回については、実際上ほとんど行われていないとして問題視しないことが多い。それだけに、先の訴因撤回措置は、検察史上特筆すべき画期的なことであり、先例重視主義の司法界にあって、刮目すべき勇断である。そして、今回の公訴の取消しは、その第二段として、同様の評価がなし得る。

裁判の迅速化

猛毒のサリンを使用した凶悪重大な無差別テロ事件で、厳罰を必要とすると考えられる両サリン事件につき、検察はなぜかかる異例な挙にでたのか。言うまでもなく、裁判の迅速化を図るためである。裁判の迅速は裁判の生命であり、裁判の長期化は司法の自己否定である。ところが、一九九六年四月の松本被告人の初公判以来、一年八か月が経過しても、被告人・弁護人は公訴事実の認否すら留保して争点を明らかにしないばかりか、被害者関係書証をすべて不同意にしていたので、この状態では、被害者及び被害者を診断した医師等の証人尋問を行わなければならず、被害状況という、通常ならほとんど争点とならない、最も基礎的な事実の審理だけで十数年から二〇年を要し、両事件の要証事実及びそれ以外の一六の起訴事実の立証、さらに弁護人側の反証を考慮に入れれば、一審だけで三〇年を超えるという途方もない期間を要する試算となる。殺人罪の公訴時効期間は一五年であるが、一審だけでそれの二倍もの期間を要する裁判はもはや裁判の名に値せず、国民の裁判に対する不信感を増大させることになる。

こういう事態を招いた第一次的な責任は弁護人側にあるが、かといって、公訴維持の責任を負う検察官が相手方を非難するのみで、拱手《きょうしゅ》傍観していれば足るというものではない。迅速裁判実現のために、検察がなし得ることを工夫して実践すべきである。現行法上、検察サイドがなし得る最良の方策は、審理の対象を絞り込むことである。先の、かつてない大幅な訴因の撤回は、こういう考え方によったのであろう。

第一回公判から四年半、先の訴因撤回から二年一〇か月、その間に公判は一六九回を重ねたが、起訴された一七事件のうち、まだ一二事件しか審理入りしていない。一方、松本以外のオウム事件の被告人らの公判は、サリン事件の実行犯をはじめ、死刑、無期を含めた有罪判決が次々に宣告されて終結したが、それらの判決で、松本は一七事件のすべてにつき、それら実行犯に指示・命令を出した「首謀者」と認定された。にもかかわらず、松本についての審理は、検察官立証の終了がいつになるかも分からず、判決の見通しに至っては全くめどが立っていない。そこで、検察は、さらに訴訟の促進を図るため、第二段の措置として、このたびの公訴の取消しに踏み切ったのである。

訴因撤回・公訴取消しをする上での留意点

このような訴訟促進の目的から重大な事件の訴因の撤回、公訴の取消しをするに当たっては、次の点に留意する必要がある。

第一に、有罪認定がなされた場合の量刑への配慮である。いかに迅速な裁判のためとはいえ、検察官が訴因の撤回・公訴の取消しをしたため、それをしなければ裁判所が出したであろう刑よりも大幅に下回る刑しか言い渡せなくなるようでは、適正な刑罰の適用実現という刑事裁判の究極の目的が達せられなくなる。検察が、先の両サリン事件の訴因撤回において、死者一九名、重篤負傷者一八名に関する事実を訴因として維持したこと、今回の公訴取消において、被害者が存在せず、事案として比較的軽微な薬物密造四件のみを取消しの対象にしたのは、この点を考慮してのものであろう。

第二に、共犯者への対応である。とりわけ、起訴事実を認め証拠調べも大半結了している被告人につき、それを理由に公訴を維持するとすれば、主犯格の松本との間に不公平が生じ、ひいては、「正直者が馬鹿をみる」不正義を惹起しかねない。検察は、先の訴因撤回及び今回の公訴取消しの両方とも、起訴事実の認否の有無、証拠調べの進捗の程度を問わず、撤回・取消しの対象となった事実で起訴された全被告人につき、松本と同様、撤回・取消しをしたが、妥当な措置である。

第三に、関係者への説明である。とりわけ、撤回・取消しをする訴因に含まれる被害者に対して、その理由を十分に説明し、その理解を得なければならない。今回の公訴取消しの対象となった事実は、被害者なき犯罪であるが、先の訴因撤回の対象となった事実は、四〇〇〇名近い被害者がいる。検察は、被害者一人ひとりに撤回の理由を詳細に記載した手紙を郵送して理解を求めた。これは、「司法官弁明せず」を旨とする従来の高踏的な態度から脱却して、国民に親しみのある検察の姿勢を示したものとして心憎い措置である。

先の訴因の撤回も、今回の公訴の取消しも、決して検察の敗退ではない。英断による〝実《み》のある撤退〟である。これを機に、訴訟関係人が争点を絞り込み、訴訟の促進に全力を挙げることを切望する。

4　松本教祖の真意奈辺に（二〇〇二年七月）

—弁護側、反証に入る—

検察の立証終える

オウム真理教教祖麻原彰晃こと松本智津夫の「オウム裁判」が、二〇〇二年一月までに検察側の立証を終え、五月二三日弁護側の反証に入った。一九九六年四月二四日の初公判以来六年余、二二一回の公判を経ての新しい段階である。一時はいつ結審するか想像もできないと言われたが、弁護側証人尋問も一年程度で終わる可能性もあり、早ければ来年中にも論告求刑が行われる見通しとなった。

〝世紀の裁判〟といわれるこの公判は、当初から異常な展開を見せた。一九九五年五月一六日逮捕された松本は、一九九六年三月五日までの間に、一一回にわたって起訴されたが、その数一七事件に及んだ。そのすべてが、弟子であった教団幹部に殺害などの犯行を指示したという、共謀共同正犯における共謀者としての起訴であった。強烈な死刑廃止論者である安田好弘弁護士を主任弁護人とする弁護団は徹底抗戦の構えを見せた。同年四月二四日初公判が開かれたが、被告人・弁護人ともに罪状認否を留保し、ちょうど一年後の一九九七年四月二四日、「実行犯の弟子たちが勝手にやったこと」と無罪を主張した。そして、検察側は立証の焦点を共謀の点に絞ったのに対し、弁護側は「全体像の解明が必要」として、検察官申請の書証をほとんど不同意とし、一六二人の検察側証人に対し、その尋問時間の八三パーセントに当たる九二〇時間に及ぶ詳細な反対尋問を行い、審理は長期化した。この調子では一審だけで三〇年以上もかかると言われ、司法制度改革審議会における「迅速な裁判」についての論議でも、オウム・松本裁判が〝遅い裁判〟の代表として取り沙汰された。

したがって、検察側立証だけで六年もかかったのは長過ぎる裁判ではあるが、当初予想の審理期間との比較からすれば、むしろ審理が早く進んだといえるのである。このように、まがりなりにも検察側立証が予想以上に早く終わった原因は、弁護人の強い抵抗にもかかわらず、裁判所が強力な訴訟指揮によって平均月三・五回の開廷を実行した点も挙げられるが、前項で述べたように、検察官が「松本」、「地下鉄」の両サリン事件の訴因の大部分を撤回し（一九九七年一二月二日）、サリン等薬物密造事件四件の公訴を取り消した（一九九八年一〇月四日）ことが大きく貢献した。

効を奏した訴因撤回

なかでも、サリン事件の訴因撤回は画期的であった。同事件の起訴罪名は殺人・同未遂であるが、殺人（既遂）の被害者は一九名、同未遂の被害者は三九三八名の多きにのぼった。その殺人未遂被害者のうち、死にも匹敵する重篤な後遺症の残る傷害を負った一八名の分を残して、残りの被害者の分の訴因を撤回したのである。すなわち、殺人未遂事件の訴因をおよそ二〇〇分の一に縮小し、他はすべて訴訟の舞台から下《お》ろされたのである。なお、「松本」も「地下鉄」も一個の殺人行為によって複数の殺人・同未遂を犯したという観念的競合犯であるから、その一部を撤去した措置は訴因の撤回であって、公訴の取消しではない（薬物密造事件は、四つの公訴事実それ自体を撤去したのであるから、公訴の取消しである。）。

現行刑事訴訟法上、検察官には広範な訴追裁量権が与えられているとともに、公訴の取消権も、一審判決があるまでという時期的制限以外はほとんど無制限に与えられている（刑訴法二五七条）。これは現行法が起訴便宜主義（同二四八条）をとることの当然の帰結である。公訴提起につき検察官の処分権を認める以上、公訴提起後もそれを認めるのが相当であるからである。ところがわが国の実務では、訴追裁量権は大幅に活用されて、客観的嫌疑はあっても刑事政策的配慮から訴追を差し控えるという起訴猶予処分にするケースが多いのに、いったん起訴した事件についてその起訴を取り消すということは極めて少ない。起訴猶予処分が多いのは検察の「柔軟性」を示すものであるが、その検察の柔軟性は訴追裁量という一点に凝縮して現れ、いったん起訴と決まれば、検察官の行動はむしろ法定主義に転化し、被告人の回復の見込みのない長期の病気、人違い起訴、外国人である被告人の強制送還等稀有な場合以外公訴の取消しは行われたことがなく、いわんや訴因の撤回は皆無に近い。それだけに、松本公判においてとられた訴因撤回措置は、検察史上特筆すべき画期的なことであり、先例重視主義の司法界にあって、刮目すべき勇断であった。

現に、この措置がとられた効果は大きなものがあった。弁護人は、被害者調書、診断書をすべて不同意にしたから、もし原訴因を維持していたら、被害者約四〇〇〇名とその診断書を作成した医師約四〇〇〇名、合計約八〇〇〇名を証人として喚問し、尋問しなければならないが、それだけ膨大な証人尋問に加え、弁護人の重箱の隅をつつくような反対尋問を考えると、被害状況という、通常ならほとんど争点とならない、事件の最も基礎的な事実の審理だけで十数年から二〇年を要し、結審までには三〇年を超えると目論まれていただけに、検察官立証が六年余りで終了したことは、この訴因撤回措置がいかに裁判の迅速化に裨益《ひえき》したかが分かる。

ただ、こういう大きな訴因撤回をするに際しては、①撤回する訴因に含まれている被害者の理解を得る必要があり、また、②撤回する訴因につき共犯者として起訴されている者の対応を公平の観念に反しないようにする必要があるが、①については、検察官は、被害者一人ひとりに撤回の理由を丁寧に説明する手紙を郵送したほか、報道機関を通じて国民全体にそれを知らせる措置をとり、②については、ほとんど立証が結了している共犯者を含めて、全共犯者につき同様の訴因撤回措置をとって、「正直者が馬鹿を見ない」ようにした、いずれも妥当な対応であった。

裁判の目的

しかし、裁判は審理を早く済ませるだけが目的ではない。真実が何であるかを浮かび上がらせることが重要である。この事件のように歴史的にも重大な事件についてはなおさらであり、後世の批判にも耐えられるような真実の浮き彫りが求められる。五月二三日、第二二二回公判において、弁護側は冒頭陳述を行い、「村井秀夫ら教団幹部が教義を誤解し、被告人と無関係に暴走したものである」と、松本被告人の関与を否定した。しかし、これでは松本の指示を至上命令として各犯行に走った実行犯を冒瀆し、全国民を愚弄することになろう。松本なくしてオウム事件はなかったことは、もはや動かすことのできない明白な事実であるからである。

既に、各実行犯は、それぞれの法廷において、実行行為のほか、犯行の動機、計画、準備、そして現在の心境を披瀝《ひれき》し、また松本の公判で、松本の指示によって各犯行に及んだ旨証言している。あとは、松本本人がいかなる信条、思考によってかかる指示を出したのかを本人が法廷で明らかにすべきである。しかるに、同人は法廷では意味不明の不規則発言を繰り返し、最近は、拘置所における弁護人との接見にも応じないという。松本本人の供述は、歴史に残る本件の真相を明らかにするうえで不可欠である。松本よ、お前の深遠な哲理を開陳するのに時間がかかるというのなら、十分な時間を与え、我々は耳を傾けよう。それをしないで、黙秘の壁に隠れようとするのは、被害者に対してはもちろん、お前の命令を忠実に守った弟子たちにも申し訳が立たないではないか。精神状態が異常なら、治療の機会も与えよう。それでも口を閉ざすのであれば、法廷に現れた全証拠によって断罪するほかない。その場合は、お前は極悪非道の大悪人として末世まで、すべての人々から疎まれるであろう。

弁護団は、弁護側証人として一八名を申請した。意外に少ない数の証人申請に世人は怪訝な思いをしたが、それは、弁護側は、当初松本の殺害等の指示を否定してくれそうな教団関係者ら約一〇〇名をリストアップしたが、多くは既に教団を脱会したり、教義を否定したりして協力を拒んだため、松本の妻松本和子受刑者ら一八名に絞らざるを得なかったとのことである。時間の経過に伴う人の心の移ろいを思わざるを得ない。

しかし、他方において、事件発生により教義や松本の正当性に疑念を抱いた信者らが、最近、弁護人らの主張を聞くなどして、「教祖はやはり正しかったのではないか」と、松本を見直し、再び神格化する動きもあるやに聞く。あのおぞましい事件と正面から向かい合うのではなく、盲目的に、松本は善なりとするムードが持ち上がってきたとするなら、恐ろしいことである。

5 松本教祖に死刑判決（二〇〇四年四月）
—オウム事件、一審判決までの総括—

一審レベル、すべて結着をみる

二〇〇四年二月二七日、オウム真理教教祖の麻原彰晃こと松本智津夫に対する第一審判決が言い渡された。全部有罪のうえ、死刑。

一連のオウム事件は、これで、すべて一審レベルの結着をみたことになる。逮捕されたのは三八三名。罪名は殺人、監禁などの刑法犯のほか銃刀法違反などの特別法犯など五二に及んだ。略式起訴二〇名を含め、起訴されたのは二〇九名にのぼる。一審で死刑判決を受けたのは、麻原をはじめ一二名。死刑判決が確定した者はおらず、八名が控訴中、四名が上告中。無期懲役は井上嘉浩ら六名、井上については、死刑を求刑した検察が控訴している。刑が確定したのは、一七二名。内訳は無期懲役二名、有期懲役一六六名（実刑七九名、執行猶予付八七名）、罰金刑三名、無罪一名である。

一区切ついたこの段階で、この未曾有の事件を総括してみよう。

まず捜査について。一九九五年三月二〇日、五五〇〇名を超える被害者を生んだ「東京地下鉄サリン事件」が発生、その二日後に、二五〇〇名の警察官を動員して、一都二県二五か所に及ぶ大捜索が実施され、その二週間後からは教団関係者への人的強制捜査に入った。もとより、その目的は東京地下鉄サリン事件その他の重大事件の解明にあったが、逮捕罪名は同事件とは異なるものであった。しかも、その中には、カッターナイフの所持（軽犯罪法違反）、偽名によるホテルのチェックイン（私文書偽造）、他人の駐車区画への駐車（建造物侵入）等、一般的には、捜査手法として身柄の拘束まではしないと思われる軽微事件が含まれていたことから、それは違法な別件逮捕ではないかという疑念が生じた。

しかし、疑似国家を形成して既存の国家の転覆を妄想し、無差別大量殺りくを敢行するのは、宗教活動に名を借りた、凶悪な犯罪集団による社会に対する挑戦であり、当然に憲法の保障する信教の自由の枠外にある。人々はいつまた起きるかもしれない次のサリン事件に恐れおののかなければならない。治安維持の責務に任ずる警察としては、その不安を取り除くために、過去の犯罪の捜査とともに、将来の犯罪の予防を念頭においた措置をとることが求められた。そのためのギリギリの手段が、あのとき選択された捜査手法であった。

悔やまれる捜査の遅れ

そのことより、むしろ、一連のオウム事件に対する強制捜査の着手が遅きに失した点が反省されなければならない。麻原に対する起訴事実だけみても、最初の犯行である田中修二さん殺害事件は、最終犯行である一九九五年三月の東京地下鉄サリン事件より六年も前の一九八九年二月に発生しているのであり、その間に、殺人、殺人未遂を中心とした重大な事件を次々に謀議して実行しているのであるから、何故もっと早く強制捜査に着手できなかったのであろうか。これだけの年月があれば、その間に、次々に発生する事件がオウム絡みの事件であることの情報を収集して、その芽を摘む機会を得たはずである。おそらく、オウム真理教が東京都から認可を受けたれっきとした宗教法人であったことから、捜査機関が不用意に動くと、憲法上の信教の自由を侵害する所為との非難を受けかねないとの配慮があって、捜査の手を伸ばすことに慎重であったのであろう。もう少し早く、これが宗教団体の衣を着た犯罪集団であることを見抜き、その本拠地に切り込み、教祖の身柄を確保していれば、少なくとも東京地下鉄サリン事件は未然に防止しえたと思うと、捜査の遅れが悔やまれる。

長期化した審理

次に、公判について。すべての起訴事実について、実行行為者は次々に「教祖麻原の指示、命令に従って実行した」と供述し、比較的スムーズに公判が進展したが、ひとり麻原の公判だけは、当初から異常な展開を見せた。一七件に及ぶ起訴事実は、すべて弟子であった教団幹部に殺害などの犯行を指示したという共謀共同正犯における首謀者としての起訴であったが、初公判から一年後に初めてした罪状認否では、「実行犯の暴走」によるものとして全面否認した。そして検察側は立証の焦点を共謀の点に絞ったのに対し、弁護側は「全体像の解明が必要」として検察官申請の書証をほとんど不同意にし、証人に対しては重箱の隅をつつくような反対尋問を九二〇時間(全尋問時間の八三パーセント)にわたって繰り返し、審理は長期化した。裁判所の強力な訴訟指揮によって平均月三・五回の開廷を実行しても、この調子では一審だけで三〇年以上もかかると見込まれ、司法制度改革審議会における「迅速な裁判」についての論議でも、オウム裁判が〝長期裁判〟の代表として取り沙汰された。

「迅速な裁判」が裁判の生命であるとすれば、かかる状態は裁判の危機である。これを打破するべく検察はかつてない画期的な手を打った。松本・地下鉄両サリン事件の訴因の大部分の撤回と薬物密造事件四件の公訴の取消しである。サリン事件における殺人被害者は一九名、同未遂の被害者(起訴分)は三九三八名の多きにのぼるが、その未遂事件の訴因をおよそ二〇〇分の一に縮小し、他をすべて訴訟の舞台からおろし、薬物密造事件はすべてにつき同様の措置をとったのである。

現行法上、検察官には広範な訴追裁量権があるとともに、公訴の取消権もほぼ無制限に与えられているが、従来前者は大幅に活用されてきたものの、後者はほとんど行使されなかった。いわんや訴因の撤回は皆無に近かった。それだけに前記の措置は刑事裁判史上特筆すべきことであり、先例重視の司法界にあって刮目すべき勇断であった。この〝実《み》のある撤退〟の効果は大きく、六年半で検察側立証が終了し、弁護人立証も予想外に早く終わったのである。

しかし、当初訴因のままであった場合と比べれば審理が早かったものの、一人の被告人の審理に七年以上もかかったのは、やはり長過ぎるといわなければならない。近く市民が裁判官として参画する裁判員制度が実施されようとしている今、オウム裁判は、争点主義、集中審理方式によって真実を解明する途の開拓の必要性を示唆している。

ともあれ、実行犯はすべて麻原の指示を至上命令として各犯行に走った旨吐露したのに、当の麻原はこの未曾有の犯罪の本質につき語らないまま、一審裁判の幕が閉じた。全部有罪という事実認定も死刑という量刑も妥当であるが、何か大切なものをやり残したような不満足感、空虚感が漂う。

団体解散指定請求棄却の是非

行政措置について。前述した刑事処分とは別に、オウム真理教という教団については、破壊活動防止法上の団体解散指定請求がなされたが、一九九七年一月、棄却された。この教団が正常な宗教団体を装いつつ、その実は、秩序や体制に対する破壊本能、破壊願望を持つ宗教的テロリスト集団であることを思えば、教祖や幹部が刑事訴追されても、犯行に加担しなかった者を含め、教団の全員が総懺悔《ざんげ》し、自発的に組織を解散して謝罪しないかぎり、いつ暴力主義的破壊活動に出るかわからないのに、「再犯のおそれなし」として解散指定の措置がとられなかったことは、返す返すも残念なことである。宗教法人格を剝奪し、破産手続を進めて金銭賠償をさせ、刑事手続を進めて刑罰を科す等、現行法上可能なかぎりの法的規制が加えられ、最後の手段として、これに団体解散指定をすれば、この教団の息の根を止めることができたはずである。解散指定請求を棄却したことは、わが国は解散させる法が存在するのにこれを適用せず、最も危険なテロリスト集団の存続を消極的に認めたことになる。国際的には、その瞬間に「日本はテロ容認国」として映った。この棄却によって「あのオウムにさえ適用できなかった破防法」という先例が作られ、将来出てくるかもしれない内外のテロリスト集団に存在根拠を与えることが危惧される。われわれは、かかる集団の存在を許さないという断固たる国家意思を表明することこそ重要なのである。民主主義国家はあらゆる主義・信条を容認するが、民主主義そのものを破壊する暴力主義は否定しなければならないからである。

その後制定された団体規制法により、二〇〇〇年一月、オウム真理教が名称変更した「アーレフ」に対し、観察処分がとられているが、微温的処分にすぎないというほかない。

麻原の弁護団一二名は、一審判決が出るや、全員が国選弁護人を辞退したが、その直前に、控訴の申立てをした。原審の弁護人は控訴申立権はあるが、控訴の申立ては、告訴・告発などと異なって、被告人本人の意思に従うべきものである。長期にわたって弁護人との意思疎通が不可能になっている麻原被告人の意思確認ができたか疑わしい。法は、「(原審弁護人の)上訴は、被告人の明示した意思に反してこれをすることができない」と規定している(刑訴法三五六条)ので、被告人の黙示の意思に反するかもしれないが、被告人が明示的に控訴したくない旨意思表示していないから適法な控訴申立てであるとしたのであろう。

控訴審に続いて上告審も開かれよう。しかし、控訴審も上告審も被告人は出廷の義務がない。したがって、そこでも麻原の真摯な声は聞かれない。世紀の大裁判は、上級審においても、充実感のないまま終わりそうである。

6 控訴棄却か公判停止か（二〇〇六年四月）

―被告人の訴訟能力―

検察の実のある撤退

オウム真理教の元教祖の麻原彰晃こと松本智津夫の精神鑑定書が、二〇〇六年二月二〇日提出されたが、その意義を探ってみよう。

各省庁を持つ擬似国家を形成し、化学工場を擁して毒ガスや武器を量産し、「オウム王国」を批判し敵対する者は「ポア」と称して無差別殺戮《さつりく》を敢行するという未曾有の凶悪事件・オウム事件は、そのすべてが教祖松本の指揮・命令によるものであった。一九九五年五月一六日逮捕された松本は一九九六年三月までに、一一回にわたり起訴され、その数一七事件に及んだ。紆余曲折して選任された一二名の国選弁護人による弁護団は徹底抗戦し、検察官申請書証をほとんど不同意とし、基礎的な被害事実についてまですべて証人尋問戦術をとったため、一審だけで三〇年以上もかかると見込まれた。これに対抗するため、検察は「松本」、「東京地下鉄」の両サリン事件の訴因のうち、殺人既遂とそれに準ずる重大な殺人未遂のみを残し、その大部分を撤回して約二〇〇分の一に縮小し、さらに薬物密造事件四件の公訴を取り消すという検察史上特筆すべき画期的な〝実のある撤退〟の挙に出た。その効果は大きく、六年半で検察側立証が終了し、弁護人側立証も予想外に早く終わり、二〇〇四年二月二七日、一審判決が言い渡された（全部有罪・死刑）。もっとも、その間、松本は初公判から一年後に初めてした罪状認否において、「実行犯の暴走」によるものとして全面否認したものの、それ以外は黙秘または意味不明の不規則発言に終始した。一審公判の後半は、そういう言動が増加し、弁護人とのコミュニケーションすら、ほとんどとれない状況になっていた。

提出されなかった控訴趣意書

弁護人一二名は、一審判決が出るや、全員が国選弁護人を辞任したが、その直前に、控訴を申し立てた。控訴の申立ては原審弁護人もでき、それは独立代理権であるが、告訴や告発と違って、被告人の明示の意思に反した場合には効力がない（刑訴法三五六条）。その反面解釈として、被告人の黙示の意思に反する控訴は有効であることになる。果たして意思疎通が不可能に近い状態であった松本の意思確認ができたか疑問であるが、少なくとも、被告人の控訴しないという明示の意思表示はなかったとして、本件控訴申立ては有効扱いされたのであろう。

さて、控訴を申し立てた場合は、控訴申立人は控訴趣意書を控訴審に差し出さなければならない（同法三七六条一項）。控訴趣意書とは、原判決の瑕疵（欠点）を指摘する書面であるが、法がその提出を義務づけたのは、現行控訴審が覆審（原審の審理が全くなかったものとして新たに当初からやり直す審理）でも、続審（原審に続行してその後に得られた新資料をも追加してする審理）でもなく、事後審（原審の証拠に基づき、原判決の当否を審査するもの）であって、原判決に対する不服申立ての理由を明確にさせる必要があるからである。

控訴趣意書の提出期限は控訴裁判所が指定し、その期限内に提出されなかったときは、決定で控訴が棄却される（同法三八六条）。ただ、控訴裁判所は、その遅延がやむを得ない事情に基づくものと認めるときは、これを期限内に提出された適法なものとして審判の対象とすることができるものとされている。

本件においては、控訴審である東京高裁は、趣意書提出期限を二〇〇五年一月一一日と指定し、さらに控訴申立て後選任された弁護人（二名。なお本年二月に新たに三名が選任され、五名になっている。）の要請に応じ、同年八月三一日まで延長したが、弁護人は同延長期限までにも提出しなかった。

被告人の訴訟能力

通常であれば、趣意書不提出を理由に控訴棄却とされ、訴訟は打ち切られ、死刑判決が確定するのであるが、ここに、被告人の「訴訟能力」の問題が生じた。すなわち、弁護人によれば、松本被告人は弁護人の接見にも応じず、弁護人との意思疎通もできない精神状態にあるので、被告人は訴訟能力を欠き、公判を停止すべきではないかという問題が生じたのである。

訴訟能力には、民事訴訟では、訴訟能力として行為能力が必要とされているが、刑事訴訟では単に意思能力で足るとされている。ここでいう意思能力＝訴訟能力とは、具体的には、被告人ないし被疑者としての利害を理解し、それに従って自己を防禦することができる能力である。訴訟能力は当事者能力とは異なり、実在の自然人である以上当事者能力はあり、したがって訴訟能力が欠ける者に対する公訴も無効ではないが、その訴訟行為は無効である。そして、その状態が続いている間は原則として公判手続を停止し、その回復を待たなければならない（同法三一四条一項）。

そもそも、一審では被告人が法廷に出廷しなければ審理を進めることができない。つまり被告人は出廷の権利と義務があるのに対し、控訴審では被告人は出廷の権利はあるが義務はなく、上告審では出廷の権利も義務もない。控訴審では被告人に出廷の義務がなければ、訴訟能力の有無は問わないのではないかという疑念があるかもしれない。しかし、前述のように、被告人は法廷で訴訟活動をすることがあり、法廷外であっても、弁護人との協議等自己を防禦するための諸対策をとる必要があり、そのためには、被告人が被告人である以上、審級のいかんを問わず、前述の意味の訴訟能力の存在が必要なのである。したがって、訴訟能力が欠ければ、公判を停止せざるを得ない。たとえ審理が終局に近づいていて、結審または判決に熟していても被告人に訴訟能力が欠如している以上、公判を停止するほかないのである。つまり、こういう状態になった場合は、あらゆる訴訟手続に先がけて公判停止措置をとらなければならないのである。弁護人は、この理により、控訴趣意書の作成・提出は実際上弁護人が行うものであっても、それを含めたあらゆる訴訟行為の前提として、公判を停止する措置をとるべきであると主張し、趣意書提出を拒否してきた。

かくして、松本公判は、一審段階では、検察官の、大幅な訴因の撤回・公訴の取消という措置により裁判の長期化を防止できたが、控訴審に至ってからは、被告人の訴訟能力問題のため、二年経過しても審理に入ることができず、訴訟長期化の要因になりかねない状況になった。

松本被告の精神鑑定

そこで、東京高裁は事態の打開をはかるには、被告人の精神状態を知ることが前提であると考え、同年九月職権で精神科医西山詮《あきら》に松本の精神鑑定を命じた。

このほどその鑑定結果が出されたのであるが、その結論は「訴訟能力あり」であるとのことである。すなわち、「同被告人には拘禁反応（長期拘禁による精神の異常）を起こしているが、拘禁精神病の水準にはなく、公判で自分を防禦する能力を失うまでには至っていない」と判断されたのである。統合失調症などの精神病の症状がない松本の場合、拘禁反応が重いために弁護人と意思疎通ができなくなっているのか、意思疎通ができないように見せかけている詐病《さびょう》なのかが鑑定の一つのポイントであったが、沈黙を通す松本のようなケースはその見極めが特に難しい、ただ拘禁反応はさして重くないと判断されたようである（なお、マス・メディアによっては、同鑑定書自体が「訴訟能力あり」と表現しているように読める記載があるが、同用語は法律上のそれであって、医学上のそれではなく、訴訟能力の有無は、鑑定書も参考にして裁判所が判断するものであることを誤解してはならない。）。

控訴審である東京高裁はこの精神鑑定を受けて、被告人の訴訟能力の有無を判断することになる。もし訴訟能力なしの判断をすれば、公判停止の決定をすることになり、逆に、訴訟能力ありの判断に達すれば、期限までに控訴趣意書が提出されなかったことを理由に、控訴棄却の決定をすることになるが、鑑定結果からして後者の結論になる公算が大きい。控訴趣意書の提出の遅延がやむを得ない事情に基づくものと認められる確率も少ないであろう。この場合、弁護人は高裁への異議の申立て（同法四二八条二項）、最高裁への特別抗告（同法四三三条）をすることができるが、これらの不服申立ては実らない確率が大きい。

同確定を阻止するための弁護人側のもう一つの戦術は、弁護人が全員、控訴棄却決定前に辞任することである。前述したように、控訴審では、被告人は出廷しなくても審理することができるが、弁護人が出廷しなければ審理を進めることができない。したがって、弁護人が一人も存在しない状態になると、新たな弁護人が選任されるまでは、控訴棄却決定を含め、あらゆる訴訟行為をすることができない。この点につき、控訴趣意書の提出期限が徒過していることをとらえ「提出期限までは弁護人がいたのだから、棄却も適法にできる」という見解があるが、弁護人存在の要件は、当該訴訟行為が行われた時にあることが必要であるから、この見解は無理である。

オウム事件は、事件自体が未曾有のケースであるが、その裁判手続においてもさまざまな問題があり、判決が確定して〝一件落着〟に至るまでには、まだいくつかの障壁を越えなければならないことであろう。

〔追記〕

本稿は、冒頭掲記のように、精神鑑定書が出された二月二〇日を契機に執筆したものであるが、その後、三月末までに次のような展開があった。

弁護人側は、これまで提出を拒否していた控訴趣意書を三月中に提出することを決め、東京高裁に伝えた。しかし、同高裁は三月二七日、松本被告人に訴訟能力があると認め、弁護人側が期限までに控訴趣意書を提出しなかったことを理由に、訴訟手続を打ち切る控訴棄却の決定をした。それに対し弁護人側は、同高裁に異議を申し立てた。

2

黙秘―和歌山カレー事件―

1　状況証拠による事実認定（一九九九年七月）

―犯人性立証のための状況証拠とは―

多くの起訴事実が語るもの

一九九八年、全国を震撼《しんかん》させ、各地で模倣犯まで生んだ和歌山のヒ素事件の第一回公判が一九九九年五月一三日和歌山地裁で開かれた。五〇枚の傍聴券を得るためその一〇〇倍の人が並んだ。この事件に対する世の関心の高さを物語る。

この事件の起訴事実は多数にのぼるが、(A)真須美被告人の単独犯行の事件と、(B)真須美被告人・健治被告人の共犯事件とに大別するのが理解しやすい。(A)には例の①「カレー事件」（殺人四件、殺人未遂六三件）のほか、②知人や夫健治を被害者とする保険金詐取目的の殺人未遂四件、③保険金詐欺三件、同未遂一件が含まれており、いずれもヒ素が絡んでいる。これに対し、(B)は保険金詐欺四件、同未遂二件で、いずれもヒ素とは無関係の事件である。

両被告人とも(B)については犯行を認めたが、真須美被告人は(A)についてこれを全面的に否認した。(B)については、自転車事故やバイク事故がなかったのにあったように装って保険会社を騙したという点は証拠上争いようがないとの判断があり、また、夫婦が共犯として起訴されている事実については認否も共同歩調をとった方が防禦対策としても得策であるとの思惑もあったのであろう。これに対し、(A)については、自白その他の直接証拠が皆無で情況証拠のみであるので無罪の可能性もなくはないから争い甲斐があるし、有罪となれば極刑も予想されるだけに真須美被告人としては必死にならざるを得ない。①の「カレー事件」はもちろん、②の知人・健治に対する殺人未遂もヒ素を手段とした事件であるし、その延長線上に位置づけられる③の保険金詐欺・同未遂もその欺罔《ぎぼう》手段においてヒ素と関連しているので、一部を認め他を認めないというわけにもいかなかったのであろう。いずれにしても、この認否のやり方は弁護人の説得によったのであろうが、それなりに合理的なものといえる。

動機の真相

本件起訴では、②の殺人未遂についてはいずれも保険金詐取目的という動機が明示されているのに、①の「カレー事件」ではそれが示されていないので、検察官が同事件の「動機」をどのようなものとして主張するかに関心が寄せられていたが、冒頭陳述でもそれが明示されることがなかった。ただ、冒陳中に近隣の主婦の自分に対する冷たい対応ぶりに「激高」したとの記述があったため、一般に、検察はいわゆる偶発説をとったかのように受け止められているが、動機については、検察は、犯行に至る経緯の中で、偶発説、計画説の双方を憶測させる間接事実を時系列で述べたに止まり、何が動機かは被告人質問を含めた今後の証拠調べによって明らかにしようという趣旨であると思われる。動機は犯罪の構成要素ではないから起訴状に記載されなくても起訴自体は有効であるが、量刑に大きく影響するので、この点についての今後の立証が注目される。

情況証拠は「ヒ素混入」を立証し得るか

しかし、「カレー事件」における最大の立証事項は動機の点ではなく、真須美被告人が「ヒ素をカレーの中に混入した」ということ、すなわち同被告人と犯人との同一性である。その点を消去法的捜査手法によって固めた本件は、それを公判廷で情況証拠のみで立証していかなければならない。検察官が申請した一〇〇〇点を超える膨大な情況証拠は、究極において、「ヒ素混入」というほとんど一瞬の行為の立証に向けて繰り出される。

直接証拠と情況証拠とによって証明力に優劣があるわけではない。また立証の程度に優劣があるわけでもない。しかし、直接証拠はその証明の方向が一義的であり、一個の証拠でも証明の目的を達することが可能である。例えば、自白は要証事実を肯定的な方向でのみ証明する機能をもち、かつ、それだけでも証明の目的を達する。これに対し、情況証拠は、それによって証明される情況事実（間接事実）の分析・評価に際して、様々な解釈・推論の余地があり、場合によっては証明しようとする事実と反対の事実を推定できる余地がある。すなわち、同一の情況証拠も立証命題を肯定する積極証拠（積極的情況証拠）とも消極証拠（消極的情況証拠）とも評価できる場合があり、それだけに、立証命題との関係で一個の情況証拠だけでは足りず、複数の、場合によっては膨大な数のそれを必要とし、かつ、その中に有罪認定に向けての牽引力となり得る質の高い情況証拠があることが重要となる。

情況証拠から間接事実の立証へ

また、それだけに情況証拠としては、犯行それ自体に関するもののほかに、犯行前の「予見的情況証拠」や犯行後の「遡及的情況証拠」も必要となる。本件において検察官が二〇〇ページを超える長文の冒頭陳述をしたのは、直接証拠が皆無の本件にあって、そういう様々な情況証拠から種々の間接事実を立証し、その間接事実を多数積み重ねて起訴事実を立証するという、微妙かつ困難な証拠関係にあるからである。弁護人は冒陳中の「真須美の性格及び特異性」の件《くだり》を予断を与えるものとして激しく異議の申立てをしたが、検察官は立証上必要な「予見的情況事実」の一つとして陳述したのであり、裁判所もそれを理解したからこそ同異議を却下したのであろう。

　情況証拠による事実認定の困難さは、「ロス疑惑・銃撃事件」の控訴審判決で示されている。本公判は情況証拠による事実認定に習熟していないわが国において情況証拠の扱い方を問う試金石となる意義をもつ。

　ところで、これほどの大事件の公判が、第一回で冒頭陳述が、第二回で証拠申請とその一部に対する意見の開陳が終了したということはそれ自体評価に値する。それは弁護団が重要争点主義に徹し、細部にわたる無益な争いは避けるという弁護方針をとっているからであり、「オウム事件」の麻原こと松本被告人の弁護活動と対照的である。裁判の迅速は裁判の生命であることに思いを致し、訴訟関係人全員が重要争点に的を絞り、柔軟な訴訟運営を図ることが望まれる。

2 死刑を求刑（二〇〇二年七月）
―無罪か、然らずんば極刑―

オウム事件と同様、全国を震撼させ、各地で模倣犯まで生んだ犯罪史上稀に見る大事件で、発生以来多くの関心を集め続けた和歌山ヒ素事件の裁判が、二〇〇二年六月五日、初公判以来三年で論告求刑にこぎつけた。オウム事件の教祖・松本の公判が、検察官による大幅な訴因の撤回、公訴の取消しがあったのにもかかわらず、六年余を経過してなお一審の審理が連綿と継続していることを考えると、ヒ素事件の訴訟関係人の迅速裁判実現に向けての努力は讃《たた》えられてよい。論告を機に、これまでの立証を振り返ってみよう。

起訴事実は多数にのぼるが、その中核となるのは殺人四件、同未遂六三件を内容とするカレー事件。被告人は、夫・健治と共謀の保険金詐欺関係以外の、ヒ素が絡んでいるすべての事件を全面的に否認。直接証拠が皆無の中で、検察官は情況証拠のみによって立証せざるを得なかった。それだけに、論告は詳細・精緻《せいち》を極めた。

カレー事件以外の殺人未遂事件については、犯行の経緯と保険金目的という動機面の共通性の立証のほか、被告人が起訴事実以外にも類似の事件を起こしていることを立証することに力を注ぎ、論告でも、それによって被告人が犯人であることを論証しようとした。起訴もされていない事実を持ち出して被告人の犯人性を立証しようとした手法には問題があるが、同一の手口で同種犯行が累行されれば、同一犯人の犯行という推定が強く働くので、類似立証は有罪に向けて相互補強の機能を果たすことになろう。

情況事実の証明力

カレー事件については、立証の早い段階で、被害者が食中毒を発症したのは亜ヒ酸に起因すること、その亜ヒ酸は犯行当夜夏祭り用のカレーに混入されたものであることは明白になったので、その亜ヒ酸をカレー鍋に投入したのは被告人であるといえるかどうかが立証の最大の焦点となった。検察官は、①被告人が亜ヒ酸の毒性を認識していたこと、②被告人の身辺にヒ素が存在し、被告人がこれを容易に入手することができる状況にあったこと、③被告人宅のプラスチック容器、残存カレー、混入に用いられたと推定される紙コップ等八点から亜ヒ酸が顕出され、それらが同一であること、④被告人の毛髪に亜ヒ酸が付着しており、それは被告人が亜ヒ酸を混入する際に付着した可能性があること、⑤犯行当日被告人がカレー鍋のそばに一人で居た時間があったこと等を立証し、これによって、カレー鍋に亜ヒ酸を投入したのは被告人以外にはあり得ないと主張した。特に、③のヒ素の異同識別は、その鑑定結果が被告人と本件犯行とを結びつける最重要立証であるので、検察官は、世界最高の分析能力を有する大型放射光施設「ＳＰｒｉｎｇ－８」による鑑定を求め、それらの同一性を裏付けた。弁護人の申請により他の鑑定人による再鑑定も行われたが、結論が大きく揺らぐことはなかった。これによって検察側の有罪立証への自信が深められ、論告においても、とりわけこの点が強調された。

もちろん、このような立証によっても、被告人と犯人の同一性は「推認」であって、別人が亜ヒ酸を混入した可能性を完全に否定し得てはいない。しかし、かかる場合の証拠評価にあたっては、情況証拠を総体として観察し、社会事象としての現実性を評価することが必要である。すなわち、情況証拠によって証明される情況事実（間接事実）は、そのどれを取り上げても、それだけでは犯人を断定し得る証明力を有しないとしても、それらの情況証拠を総体として観察し、そうした諸事実が犯人以外の人物に凝縮して存在するという偶然が、果たして現実の社会事象の中であり得るかという視座の下で判断することが求められる。そういう観点で見たとき、本件における立証はおおむね成功したといえよう。

動機の謎

　地域住民を標的にした無差別殺人である本件の動機は何か。捜査当時からこの点が謎であった。殺人事件において、犯行の動機は不可欠な立証事項ではない。しかし、自白がなく、共犯者・目撃者もない本件にあっては、犯行の具体的な態様を立証することが不可能であるだけに、犯行の動機を明らかにすることは、被告人が実行行為をした本人で、被告人以外に犯人はあり得ないということの立証を合理的な疑いを超える程度まで高めるうえで有益であるし、何よりも真実を浮き彫りにするうえで必要である。そこで、検察官は、犯行の動機としての「近隣住民の言動に被告人が『激高』した」ことをうかがわせる供述が収録されているテレビの録画テープを申請、その大部分が採用された。こういう立証方法自体、報道の自由との関係でも問題があるし、そもそも、住民が発した言葉が気に入らず立腹したという程度で、かかる重大犯罪の動機になり得るか疑問である。検察官もその点に思いを致したのであろう、「激高」という動機に加えて、被告人の「亜ヒ酸使用になんら抵抗感や罪悪感を感じない異常な性癖ないし人格」もかかる異常な犯行に駆り立てた要因であると主張した。そこに、検察官の苦心とともに、「激高」説への自信の無さが透けて見える。要するに、犯人性という客観面の立証の重厚さに比し、この動機という主観面の立証は手薄であるというほかないが、これが限界であったのであろう。

情況証拠のみの立証による最近のケースとしては、札幌の「城丸秀典君事件」（一〜二審で無罪）と宮城県の「矢本町女性殺害事件」（一審有罪）とがあるが、総じて本件の立証密度は、前者よりは断然濃く、後者よりはやや薄いといえよう。

判決の帰趨はなお予断を許さないが、この事件については、無罪か、然らずんば極刑であって、第三の道はあり得ない。有罪を確信する検察としては、死刑を求刑したのは蓋《けだ》し当然である。九月の弁護人の弁論を経て、年内にも予想される判決が注目される。

3　一審判決下さる。死刑（二〇〇三年一月）

―動機立証の意義と方法―

二〇〇二年一二月一一日、「和歌山ヒ素カレー事件」の判決が下された。起訴された①保険金詐欺四件、②保険金詐取目的の殺人未遂四件、③カレー事件（殺人四件、殺人未遂六三件）のうち、②の殺人未遂中の一件を除いて有罪、そして量刑は死刑。判決は、極めて精緻で理性的な論証をしてこの結論を導いた。

検察のとった手法

犯罪史上未曾有の凶悪事件であるこの事件は、同時に稀にみる難件であった。被告人は捜査段階では全事実を否認し、公判段階では、逃れようがないとみた①についてはこれを認めたものの、ヒ素を犯行の手段とした②及び③については、全面的に否認し、黙秘した。全面否認のうえ、目撃供述や共犯者供述など直接証拠が皆無の本件にあって、検察官は情況証拠の積み上げのみによって立証するほかなかった。

その際、検察官は、ヒ素を用いた多数の類似事実やヒ素を人に使用することについて抵抗感・罪悪感が乏しいという被告人の異常性癖を押し出すことを先行させ、また起訴事実についても、②の事件の検討から始めて③のそれに至るという手法をとったが、判決は、「被告人の疑わしさをまず強調する、そのような論の組み立て方は適当でない」として、直截《ちょくせつ》に、中心的事案である③の、しかもその核心的事項である被告人宅の亜ヒ酸とカレー鍋の亜ヒ酸との同一性にずばり切り込んで、その後に②の事件やその他の情況事実に至るという手法をとった。検察官がいわば「外堀」を埋めて「本丸」を攻略しようとしたのに対し、判決は、まず「本丸」に攻め入ってその後順次周辺も平《たい》らげていったと言ってよい。情況証拠のみで事実を認定する場合の事実認定の組み立て方それ自体に、客観性・正確性を保持するよう工夫が凝らされたと言ってよいだろう。

③の殺人・同未遂の実行行為は、犯人がカレー鍋の中にヒ素を混入すること（直接正犯行為）と、被害者がそのカレーを摂食すること（犯人からすれば被害者を道具に使った間接正犯行為）の二つが合体して構成されている。後者は被害者自身やその周辺の人、診察をした医師等の供述によって優に立証できる。問題は前者の点である。ヒ素をカレー鍋の中に混入するという行為自体は極めて短時間で行える単純な動作である。それだけに、本人がそれを認めない以上立

証は甚だ困難である。

この点について、(a)被告人宅のプラスチック製小物入れ、(b)カレー鍋、(c)青色紙コップ等から検出された亜ヒ酸につき、捜査段階の二つの鑑定、公判段階における一つの鑑定の結果、同一である蓋然性が高く、したがって、(a)が(c)を介して(b)に混入された蓋然性が高いと判断された。これは、最新鋭の放射光施設「ＳＰｒｉｎｇ－８」を用いるなどした科学捜査の勝利であり、この点の立証に成功したことが、本件を有罪に導いた基点となった。

そして、事前には、被告人の周辺にその亜ヒ酸が存在し、被告人がこれを容易に入手しうる状況にあり、かつ被告人はその毒性を認識していたこと、実行行為時は、被告人がカレー鍋の傍に一人でいた時間帯があった、すなわち亜ヒ酸混入の機会があり（他の関係者にはその機会がなかった）、かつ、しきりに道路の方を気にしながらカレー鍋の蓋を開けるという不自然な行動をしたこと、事後には、実兄に被告人方でヒ素を使用していたことを口止めする電話をかけるなどの不自然な行動をしたことなどが認められ、これらを総合して被告人が自宅から亜ヒ酸を青色紙コップで持ち出してカレー鍋の中へ混入したものであること、すなわち、被告人と犯人の同一性が肯定された。

何が「推認」を起えたのか

直接証拠がない以上、それは「推認」にとどまり、別人が亜ヒ酸を混入した可能性を完全に否定することはできないが、前述したような事情が被告人一人に凝縮している以上、別人がかかる行為をすることはほとんど偶然のことで、現実問題としてはありえないことであり、「合理的な疑いを超えるだけの証明」を必要とし、かつ、足るとする刑事裁判の立証としては、被告人を犯人と認めるに十分と認められたのであろう。

類似事実による立証は、これまでにないわけではない。しかしそれは主に量刑事情の一つとして扱われてきた。本件のように起訴事実の立証に起訴されてもいない事実を用いるのは、事実認定を誤らせる可能性があり、危険である。特殊事情がある場合に例外的にのみ許されるとすべきであろう。前述したように、本判決は、類似事実の認定は後回しにし、核心部分の事実認定に精力を傾けた。そのように類似事実を限定的に取り扱いながらも、本判決をして、ヒ素使用の累行は「被告人にとって、知人男性や夫健治の生命・身体は、金銭獲得の手段とされ、ヒ素は発覚しない形で生命を奪うことのできる手段として位置付けられていた」と判示せしめるものであった。

殺意は凶器（ヒ素）から導き出された

③のカレー事件の動機について、検察官は「近隣住民の言動に被告人が疎外感を抱き、激高した」と主張したが、判決は「動機は不明」として検察官の主張を排斥した。そもそも、検察官が冒頭陳述で「激高」説を持ち出したときから、悪口を言われた程度で不特定多数の人に対する無差別殺人に繋がるかという疑問があった。従来、わが国の刑事裁判では、動機立証を丁寧に行い、判決でも綿密に認定してきた。しかし、それは、殺人事件では、動機が殺意を導く有力な事情であるからであるが、本件の場合は、殺意は凶器であるヒ素という毒物から導き出すことができる。それを用いたという客観的事実と、被告人にその致死性の認識があることが立証されれば、動機が不明でも殺人ないし同未遂の認定ができる。本判決もその理由によって殺意を肯定した。

もっとも、具体的な動機が判明しない以上、殺意の程度は未必的であるにとどまるとした。しかし、判決が認定した、被告人が混入した亜ヒ酸の量は約一三五グラムで、それは四五〇人ないし一三五〇人分の致死量に当たるのに対し、犯行当夜カレーの摂食予定者は一〇〇名以下であったのであるから、その混入量からして殺意は確定的であったと認定するのが合理的であり、動機認定ができないことをもって殺意が未必的にとどまるとするのは非論理的である。

ビデオテープの採証をめぐって

また、検察官は前述した検察官主張の動機の立証のため、報道機関が収録したビデオテープのうちの、インタビューで被告人が語った部分をダビングしたものの取調べを求め、裁判所はその大部分を採用したが、最近の光学機器に関する技術によれば、どのように修正することも可能であるうえ、人の話は全体の文脈の中でこそ正確な内容が把握できるのであって、インタビューの一部だけつまみ食い的に証拠にするのは真実からかけ離れた事実認定を招く危険がある。

なお、かかる採証は取材の自由を侵害するものである旨の弁護人の主張に対し、本判決は「報道機関自ら重要として報道し、国民の多くが知っている情報を、なぜ真実の追究を目的とする刑事裁判で証拠としてならないのか、理解に苦しむ」と批判しているが、果たしてそのような理由だけで報道の自由の問題を乗り切れるか問題である。

黙秘権制度の今後の方向性

被告人は、検察官の被告人に対する一〇〇問以上の質問に対して全く答えなかったのみならず、全公判審理を通じて黙秘を貫いたが、これに対し、法廷の内外から批判の声が上がった。しかし、黙秘は憲法上権利として認められている以上、黙秘したことをもって、事実認定上も量刑上も、被告人に不利益な判断をしてはならない。むしろ、検察官は黙秘を前提にして立証しなければならないし、裁判官も黙秘を前提に事実認定をしなければならない。わが国では、自白をすると改悛の情ありとして量刑上有利に取り扱う傾向があり、その裏返しとして黙秘や否認を罪悪視しかねないが、反省を要するところである。本判決は、「被告人の黙秘に対する一般の声は、供述に依存しない事実認定手法や証拠法の創設、被害者保護制度の拡充などの方向に向けられていくことを期待したい」と判示したが、けだし黙秘権制度の正しい方向性を示すものであろう。

本件審理は結審までに三年余、判決までに三年半を要した。現在「一審の審理は二年以内に終える」ということが議論されているが、それは通常の事件についてのこと。数が多く、中身が濃いこの事件がこの程度で判決までこぎつけたのはスピード審理といえる。これは、月二〜三回の開廷が訴訟関係人の協力によって間断なく実施されたこと、重箱の隅をつつくような主張・立証を避け、争点主義・重点主義のそれに徹したこと、そして初公判から同一の裁判長が一貫して審理を担当してきたことが迅速裁判の実現に繋がったのであろう。

ともあれ、本判決の意義は大きい。殺意が未必的なものにとどまるとしたのに、それは刑責を軽からしめるものではないとして極刑を言い渡した点もさることながら、全く情況証拠のみによる事実認定について、その判断枠組と順序を提示し、またその立証の程度について、一定の質的・量的な基準を示した功績が大きい。全面否認で情況証拠しかない場合でも極刑を言い渡すことができる事実認定のあり方の見本を示した判決として高く評価できる。被告人側は即日控訴したようであるが、これだけ強固で精密に理論武装した判決を覆すことは至難のことであろう。

本件は、新憲法下全面改正された唯一の基本法である現行刑事訴訟法誕生後ちょうど半世紀を経て、転換期に差し掛かったとき、それを象徴する事件として発生した。林真須美という被告人はまさにその典型である。この人は、前科・前歴もなく、特定のイデオロギーに染まった人でもない、一介の市井の主婦である。そういう人が三か月にわたる四回の逮捕・勾留にもめげず、否認・黙秘を貫き、起訴されるや、利害得失を冷静に計算して、争って益なきケース（①の事件）はあっさり認め、無罪を勝ち取れる可能性のあるケース（②及び③の事件）は徹底的に争う態度をとった。その強靭な精神力たるや驚嘆に値する。〝自白王国〟と言われた従来の日本の被疑者・被告人とは質的に異なる被疑者・被告人像がそこに見られた。本件発生以来、全国で重要事件について否認が続出しており、その中には被疑者・被告人が女性であるケースがかなりあるが、それは、これからの日本は〝自白王国〟から〝否認原則国〟に転換していくこと、そして林真須美的被告人像が今後の日本の被告人のモデルになることを暗示しているものといえよう。犯罪者側にそのような変化があるならば、捜査官・裁判官もそれに応じた変質が求められることになる。
本判決は、刑事司法の転機を打ち鳴らす鐘の音のように思えてならない。

4　控訴審判決下さる。控訴棄却（二〇〇五年八月）
—状況証拠によって真実を見極める洞察力—

去る二〇〇五年六月二八日、「和歌山ヒ素カレー事件」の控訴審（大阪高裁）判決が下された。控訴棄却。

被告人の戦術転換

一審判決の当否を一審で取り調べた証拠によって判断する控訴審（事後審）では新証拠によって新事実を認定することは制限されているが、本件控訴審では、一審で沈黙を通した被告人が自らの供述により新事実を繰り出すという異例な形をとった。被告人は一審でとった黙秘戦術が奏効しなかったので、戦術転換をしたのであるが、被告人の身辺にヒ素が存在した事実を認める供述をしたことは、犯行否認の主張に信用性があると受け止めてもらえるとの見込みの下の「賭け」であり、結局、それは、逆に、全犯行の基点となる事実の「自白」としての意義しか持ち得なかった。

そして、夫・健治らに対するヒ素を用いた一連の殺人未遂については、健治らの金目的の自作自演であると主張することによって「殺人未遂を重ねてヒ素使用の罪悪感が麻痺し、カレー事件につながった」とする一審判決が描いた構図を崩そうとしたが、同主張は余りにも不自然として排斥され、またカレー事件については、被告人にカレー鍋にヒ素を混入する機会はなかったと関与を強く否定したが、控訴審判決は、これがあったとする証言に基づき積極に認定した一審判決を支持し、被告人の主張を一蹴した。

総じて、一審で否認ないし黙秘した者の供述としては、控訴審判決をして、「これまで誠実に事実を語ったことなど一度もなかった被告人が、突如真相を吐露し始めたなどとは到底考えられない」と言わしめるほど作為的に過ぎ、真実性に乏しく、これでは、一審判決の精緻で強固な証拠判断を突き崩すことは到底できなかった。

情況事実の証明力は

一審判決は、検察官が被告人の異常性癖や類似行為を累行していることの立証を先行させ、順次事件本体に切り込んでいく立証手法をとったのに対し、「被告人の疑わしさをまず強調するような論の組み立て方は適当でない」として、直截に中心的課題について判断を加え、順次周辺事実に判断を及ぼしていくという、客観的で公正な判断方法をとったが、被告人供述はその手法で構築された確たる証拠価値判断を打ち崩すことはできなかったのである。

直接証拠がない以上、被告人と犯人の同一性の立証は「推認」にとどまり、別人がヒ素を混入した可能性を完全に否定することはできない。すなわち、情況証拠によって証明される情況事実（間接事実）は、そのどれを取り上げても、それだけでは犯人を断定しうる証明力を有しない。しかし、それらの情況証拠を総体として観察し、そうした諸事実が犯人以外の人物に凝縮して存在するという偶然が、果たして現実の社会事象の中でありうるかという視座の下で判断することが求められる。そういう観点で見たとき、一審判決の判断は正当であり、これを支持した控訴審判決もまた是認されるであろう。

極刑を科すような重大事件につき、自白も犯行目撃供述もなく、情況証拠のみで有罪認定をすることに疑問を投げかける者もいる。しかし、直接証拠と情況証拠との間に証拠価値に差異があるわけではない。大切なことは、情況証拠によって真実を見極める洞察力があるか否かである。

「自白量産国」から「否認量産国」になるのか

本件は、新憲法下全面改正された唯一の基本法である刑事訴訟法誕生後半世紀を経たとき、その転換を象徴する事件として発生した。被告人・林真須美は前科・前歴もなく、特定のイデオロギーに染まった人でもない、一介の市井の主婦である。そういう人が三か月にわたる逮捕・勾留にもめげず否認・黙秘を貫き、起訴されるや、利害得失を冷静に計算して、争って益なきケースはあっさり認め、無罪を勝ち取れる可能性のあるケースは徹底的に争う態度をとった。黙秘から否認供述への転換もその一環である。〝自我の確立〟がなく、〝自白量産国〟であった従来の日本の被疑者・被告人像とは質的に異なる被疑者・被告人像がそこに見られた。それは、これからの日本が〝否認量産国〟に転換し、自我意識の高い林真須美的被疑者・被告人像が今後の日本のモデルになることを暗示しているものといえよう。

しかし林被告人は敗れた。策士が策に溺れたのである。本判決は、わが国の刑事裁判においては、アメリカのそれと異なり、訴訟技術の巧拙によってことが決せられるものではないことをいみじくも示した。

3

量刑——新潟少女監禁事件——

1 事件発覚（二〇〇〇年五月）
―刑法上の問題点―

未曾有の監禁事件発覚

雪の舞う二〇〇〇年一月二八日、新潟は柏崎において、未曾有の事件の劇的な幕引きがなされた。九年二か月余にもわたる監禁事件の被害者A子さんが救出され、犯人Sが発見されたのである。

一九九〇年一一月一三日夕刻、当時九歳であったA子さんは三条市の小学校から下校途中、S（当時二八歳）にナイフで脅され、車のトランクに押し込められたうえ、ガムテープで目を塞がれ、両手両足をグルグル巻きにされた。Sは約五〇キロメートル先の柏崎の自宅に到着するや、二階八畳間の自室に連れ込み、以後、同室での監禁を続けた。最初の二、三か月は、A子さんの手と足を、その後も約一年間は足をガムテープで縛り続け、週に一度は殴る蹴るの暴行を加えた。部屋の端の床二畳を赤い粘着テープで区切り、「印の中を音を立てないでスリ足で歩け」と、A子さんの行動範囲を制限した。Sは部屋では、ナイフの代わりにスタンガンを使い、A子さんの大腿、腕、腹などに電流を走らせ、A子さんが激痛に体を硬直させ、悲鳴を上げると、平手で殴ったり、「卍固め」をしたりし、「ピーピー泣くな。山に捨てるぞ」などと脅した。A子さんは、自分の手の甲を血の出るまで噛みしめ、声が出ないように我慢した。

二、三年後からは監視の目はゆるやかになり、同家にA子さん一人きりになることもままあった。しかし、A子さんはSからは逃げられない、追いかけられ連れ戻されてまたひどい目に遭わされると思い込み、脱出する気力が次第に萎《な》えていった。

Sはもともと保険外交員の母と二人暮らし。Sはその母に対しても日常的に〝家庭内〟暴力を振るい、母は〝ボクちゃん〟Sの奴隷になっており、Sが二階の自室に母を入れなかったため、母は誰か女の人がいる気配を察してはいたが、A子さんと顔を会わせることはなかった。何回か警察や保健所に救いを求めたのだが、保健所はS方に来てくれたものの手に負えず、警察は全く相手にしてくれなかった。

そして、母の要請で、一月二八日、保健所、病院関係者七名が遂に二階の部屋へ乗り込む。暴れ出したSを鎮静剤でおとなしくさせ、病院へ搬送したが、その際、〝監禁部屋〟の隅に、二つ折りにされて寝袋のようになっている毛布を切り裂くと、中からA子さんが現れた。九年余にわたる監禁被害者救出の一瞬である。

刑法上の問題点

この事件について、まず刑法上の問題点を検討しておこう。

以上のSの行為は未成年者略取・監禁罪を構成する。略取とは暴行・脅迫を手段として他人を不法にその保護されている生活環境から離脱させて自己の実力的支配内に移すことをいい、監禁とは他人を一定の場所から脱出し得ないようにすることであるが、わずか九歳の少女であったA子さんをナイフで脅し、ガムテープで手・足等を緊縛するなどして車のトランクに入れて走行したSの行為は略取罪に当たり、その後自宅の部屋に閉じ込め、暴行・脅迫を加えて脱出不能にしたSの行為は監禁罪に当たる。監禁罪は継続犯である。したがって、被害者の自由の拘束状態が継続しているかぎり、本件のように拘束状態が九年余の長きにわたっても一罪である。これに対し、略取罪（誘拐罪も）については、保護環境から離脱させた瞬間に同罪は既遂に達し、その後は違法状態が継続しているにすぎないとみる状態犯説と、犯人の実力支配が及んでいるかぎり本罪は継続しているとする継続犯説とが対立している。判例は継続犯説をとっているようである。一般には、それが正当であろうが、被拐取者が全く行動の自由を欠く嬰児や高度の精神病者については、保護環境から離脱させる点に重点があるのであるから状態犯説によるべきであろう。また、本件のように、略取罪の犯人が被拐取者を引き続き監禁する場合の監禁罪との罪数関係は牽連犯説と観念的競合説とに見解が分かれているが、略取罪が継続犯の性質を有する場合は観念的競合、状態犯の性質を有する場合は牽連犯であるというべきである。本件については、法務・検察当局は観念的競合とみたようである。

ところで、略取罪も監禁罪もその法定刑は三月以上五年以下の懲役である。したがって、公訴時効期間はそれぞれ各五年。もし略取罪と監禁罪が併合罪の関係にあるのであれば、本件の略取罪は一九九五年に時効が完成してしまっている。観念的競合又は牽連犯であれば、両罪を一体として考察し、最終結果が発生した時点から時効が進行することになるので、本件の場合、本年一月二九日から起算することになり、したがって観念的競合説をとればもちろん、牽連犯説によっても、略取罪についても公訴時効が完成していないことになる。

問題となるのは、第一に、九年もの長期間にわたり継続的に監禁状態があったといえるかである。略取行為の時点はもちろん、監禁行為の着手時点においては、Sは九歳の少女である被害者の抵抗を完全に抑圧するに足りる強度の暴行・脅迫を加えているのであるから同各罪が成立することは疑いがないが、遅くとも三年以後は暴行・脅迫の回数・程度とも低下し、また〝監禁部屋〟は必ずしも常に施錠されているわけではなく、S、あるいはS及び母ともに外出した時があったのであるから、物理的には被害者が脱出することができたのではないか、そうすると、そういう状態になった以後は、被害者の自由の拘束を本質とする監禁罪は成立しないのではないかという疑問が生ずる。そして、そういう脱出可能の状態になったのが、今回の救出より五年以上前であったのであれば、略取罪・監禁罪ともに公訴時効が完成してしまっていることになる。しかし、同罪における手段は、物理的・有形的なものに限らず、被害者の恐怖心を利用するような心理的・無形的なものでもよい。本件被害者は、度重なる暴行・脅迫により脱出の気力が萎えてしまい、仮に逃げ出してもSに追いかけられて連れ戻され、以前にも増して強度の暴行・脅迫を加えられるかもしれないとの恐怖感から脱出できなかったものと認められるのであるから、救出された一月二八日まで監禁状態が継続したといえるだろう。

第二に、本件の内容に照らして犯人に科し得る刑が軽過ぎるのではないかという点である。本件の罪数が観念的競合であれ牽連犯であれ、犯人に科し得る最高刑は懲役五年である。被害者が多感な少女期の九年間を季節の移ろいを肌で感ずることも、家族・友人との愛情に包まれることもなく、一室に閉じ込められ無為に過ごさざるを得なかったという筆舌に尽くし難い歳月を送ったのに比べ、犯人の側が最高刑でもその半分に近い期間しか服役せしめられないということに、多くの人は不均衡感と憤慨を覚える。これは、おそらく刑法立法当時、五年以上もの長期間の監禁行為が発生するとは、立法者にもおよそ予想できなかったことに起因する。本件の発生により監禁罪の法定刑の引き上げが検討されることになろう。

第三に、傷害の点についてである。本件拐取・監禁の当初においては、被害者に対し強度かつ執拗な暴行が加えられた形跡があるから被害者に何らかの傷害が発生しており、それがそのころ発覚していればその事実を認知することができたであろう。しかし、救出時点においては古い傷害を立件することができない。もし傷害の事実を立証することができれば、監禁致傷として、Sに科し得る刑は最高懲役一〇年となり、被害事実とのバランスもとり得ることになる。警察はそのことに思いを致したのであろう。Sを未成年者略取のほか監禁致傷で逮捕した（二月一一日）。その「致傷」の中身は「長期間の治療を要する心的外傷後ストレス障害（PTSD）及び両下肢筋力低下等の傷害」である。PTSDを内容とする傷害で立件した例はおそらくこれが初めてである。刑法上の傷害とは人の生理的機能に障害を与えることであり、理論上は、それには肉体的機能障害のほか精神的機能障害を含むと解してよいであろう。しかし、PTSDとは「ストレス障害」であり、それはその存在そのものが明確に証明できるか、仮にそれができたとして、監禁に起因するものという意味の因果関係が立証できるか、その治療期間は特定できるか等各種の問題がある。果たせるかな、検察官は起訴事実からこれを削除し、立証が容易な「両下肢筋力低下等」のみを傷害の内容とする監禁致傷で起訴した。PTSDのような精神的疾患を傷害罪としてとらえ得るかは今後の課題として残された。

第四は、Sの精神状態である。Sは自閉症的で、少女に対する異常性愛の傾向があり、分裂型人格障害の兆候がある。しかし、Sは車の運転のほか、パソコン、パラボラアンテナの取付工事も自らでき、競馬遊びも行っているのであるから、少なくとも刑法上の心神喪失には当たらず、犯行時刑事責任能力が存在したことの認定に問題はなかろう。検察官も通常の勾留期間内に簡易鑑定の措置をとっただけで起訴に踏み切った。

2 一審判決下さる（二〇〇二年三月）
―量刑上の問題点―

量刑は「重過ぎる」のか？

「被告人を懲役一四年に処する。

未決勾留日数中三五〇日を刑に算入する」

雪が舞い、風が吹きすさぶ去る一月二二日、新潟地方裁判所の法廷で、裁判長の宣告が鳴り響いた。いわゆる「新潟少女長期監禁事件」の一審判決の言渡しである。

この事件は、一九九〇年一一月一三日、当時九歳であったA子さんが、三条市の小学校から下校途中、当時二八歳の佐藤宣行にナイフで脅され、車のトランクに押し込められて、柏崎の佐藤宅の二階の八畳間に連れ込まれて以来、二〇〇〇年一月二八日救出されるまでの九年二か月余もの間監禁されるという、わが国犯罪史上未曾有の事件である。私は、被害者救出の直後、やはり激しい吹雪の舞う監禁現場に赴いて、寒さに震えながらテレビ向けの解説をしただけに、この判決を格別の関心を持って聞いた。

被害者救出までの経緯については、3 1（八〇頁以下）で紹介したが、警察は、二〇〇〇年二月一一日、佐藤を未成年略取、逮捕・監禁致傷で逮捕し、新潟地検は、同年三月三日、同人を同罪で起訴し、次いで、同年六月二六日、余罪の窃盗を追起訴した。その窃盗とは、二四〇〇余円相当の女性の下着の万引である。

同年五月二三日から始められた公判において、被告人は全起訴事実を大筋において認めながらも、細部については、次の各点を主張して争った。

① 被害者を略取する際、被害者を抱きかかえて自車のトランクに押し入れたのではなく、被害者の手を引いて車のトランクまで連れていったところ、被害者が自分でトランクに乗り込んだのである。

② 略取罪については、被害者をトランク内に閉じ込めて車を発進させた段階で既遂に達しているから、その犯行日（一九九〇年一一月一三日）より五年経過した一九九五年一一月一三日に公訴時効が完成しているので免訴を言い渡すべきである。

③ 被告人は犯行当時精神病に罹患していて、心神耗弱の状態にあったから刑を必要的に減軽すべきである。

④ 量刑を適正にすべきである。特に、追起訴された窃盗は被害が軽微で、弁償済みであるか

ら、それが併合罪を構成し、併合罪加重されることになるからといって、量刑を五〇パーセント増しまですべきではない。

判決での認定

以上の争点のうち、①については、被害者の供述によって「抱きかかえられてトランクに入れられた」ものと認定できる。それは、被害者にとっては、ナイフを突きつけられて、強度の恐怖のもとでの事態であるので、九年余前の経験であっても、被害者の右供述は信用性が高いといえる。

②については、略取罪は、その法的性質につき状態犯か継続犯かの争いがあるが、いずれにしても、被害者をナイフで脅し、車のトランクに押し込め、蓋をして発進させた行為は、逮捕・監禁に当たり、その逮捕・監禁を手段にして略取をしたのであるから、略取と逮捕・監禁とは行為が重なり合っていて、観念的競合の関係になり、さらに、逮捕し引き続き監禁した本件の場合、逮捕と監禁とは包括一罪の関係になり、結局、全体として科刑上一罪となる。このような科刑上一罪の場合、その中の最も重い刑の罪が終了した時点からすべての罪についての公訴時効が進行することになるので、本件の場合は、継続犯である監禁が終了した二〇〇〇年一月二八日が時効の起算点となり、したがって同年三月三日起訴された本件においては、略取を含

めて時効は未完成である。
③については、捜査段階での簡易鑑定、公判段階での本鑑定のいずれも、「人格障害はあるが、狭義の精神病への罹患は認められない」とし、各鑑定医の証言も同旨であるうえ、本件犯行の前後を通じて、被告人は、自動車の運転、パラボラアンテナの取付け、パソコンの操作、競馬遊び等知的行動をしているし、とりわけ、事件が発覚しないように配慮しながら長期にわたる監禁を続けたこと自体が合理的・合目的的であり、これらを総合すれば、被告人は犯行当時、心神喪失状態でなかったことはもちろん、心神耗弱状態にあったとも認められない。
前記の①ないし③の争点については、判決も、おおむねこのような理由を示して、被告人側の主張を排斥し、したがって、事実認定の点では、検察官の主張を全面的に認める判断をした。

問題は④の量刑である。判決は、懲役一四年、未決勾留日数三五〇日算入という刑を科した。この量刑については、専門家の間では、軽過ぎるという声はほとんどなく、むしろ重過ぎるという批判が聞かれた。しかし、私は、本件については、最高刑を科すべきであって、それから一日たりとも下回るべきではないと思う。

「併合罪加重」は妥当であった

検察官の求刑は懲役一五年。科刑上一罪の関係にある略取、逮捕・監禁致傷の最高刑は懲役一〇年で、これと追起訴した窃盗とは併合罪となり、併合罪加重すると、最も重い監禁致傷の刑である懲役一〇年の刑の一・五倍の懲役一五年が最高刑になる。検察官はこの最高刑を求刑したのであり、しかも、未決勾留日数は一日たりとも算入すべきでないと異例な主張までした。

これに対し、弁護人は、軽微な窃盗事件で五〇パーセント増しもの刑を上乗せするのはおかしいと反論した。裁判所はこの主張を若干汲み入れたのであろう。最高刑より一年軽い懲役刑とし、かつ未決勾留日数を約一年算入した。日本の量刑実務では「八掛裁判」といわれるように、検察官の求刑から二割引きした科刑が一般であるが、本判決においては「八掛」よりは重いものの、やはり検察官、弁護人双方の〝顔を立てた〟折衷的量刑である。これによって、被告人に科せられた刑は、実質懲役一三年になる。執行段階に入ると、法律上、刑期の三分の一服役すれば仮出獄が許される。実際には約三分の二服役しなければ仮出獄が許されないが、それでも約九年の服役で社会に戻れることになる。そんなことでいいのか。

本件は、九年二か月という前代未聞の長期に及ぶ監禁であり、その犯行態様は、判決も指摘するように、執拗、熾烈かつ凄惨を極めたもので、まさに言語道断である。思春期、青春期を監禁され続けた被害者は、肉体的にも精神的にもボロボロにされた。かつて、誘拐・監禁された女性被害者が監禁中に、犯人と恋仲になったケースがあったが、本件はそれとは全く異なる。

ところで、わが刑法上、監禁罪の法定刑の最高が懲役五年、監禁致傷罪のそれが懲役一〇年ときわめて軽く設定されていることを、まず考えなければならない。それは、現行刑法立法当時、監禁の期間は長くても「月」単位程度であって、「年」単位に及ぶなどとはだれも予想できなかったことによるのであろう。その結果、もし監禁期間が一〇年に及んだ場合は、被害者に傷害が発生しなかったならば、被害者を監禁した期間の二日間をほぼ一日の懲役刑で償うことになり、本件のように傷害が発生しても、監禁一日に対し懲役一日で償うという間尺《ましゃく》に合わないことになり、これでは、刑罰の秩序維持機能が達成できず、被害者やその家族の処罰感情や一般市民の法感情からも遠くかけ離れた不当な結論になる。

そこで、検察官は併合罪加重の処理による処断刑の引上げを考え、余罪捜査の結果判明した前記の窃盗を追起訴した。この窃盗はたかだか二四〇〇余円の下着万引という軽微事犯で、被害も弁償済であるから、通常なら起訴猶予事案であり、したがってこれを起訴するのは、一般には検察官の訴追裁量の濫用という批判を受けかねない処理である。検察官は、同窃盗は、被害者の監禁を継続するために被害者の着替用の下着が必要であったため敢行したもので、したがって同窃盗は監禁継続の手段として、それ自体悪質な犯行であり、起訴価値があるように主張するが、それはいささか強弁に過ぎよう。狙いは、併合罪加重して処断刑の上限を引き上げるところにあったことは疑いの余地がない。

しかし、本件の場合は、そのような処理は決して不当ではない。そもそも、本件は、法が予定する刑期を遙かに上回る事態を伴った事件であることを看過してはならない。その実態に適合するような刑を導くために、余罪を追起訴し、併合罪加重の制度を利用して、一五年の刑を科し得るようにお膳立てをしたのである。それは、弁護人が言うように、軽微な窃盗を重大悪質と過大評価して、それを五〇パーセント増しに相当するものとして上乗せするものではない。またマスコミからは「いくら前代未聞の犯罪で、万人が被告を短期刑では許しがたいと感じるとしても、法を厳正に運用してこそ法治国家だ」と論じて（毎日新聞二〇〇二年一月二三日社説）、この措置があたかも法を逸脱する脱法的措置であるように批判するものもあったが、それも当を得ない。併合罪加重はれっきとした法律上の制度であり、本件の措置は法を厳正に適用した措置である。その措置をとると、刑期の幅が「懲役一〇年～同一月」から「懲役一五年～同一月」に広がるだけのことであり、その範囲内で言い渡し得る宣告刑は懲役一〇年を超えることもあれば、下回ることもあり得るのであって、併合罪加重をすると必ず一〇年を超える宣告刑になると誤解してはならない。本件余罪追起訴・併合罪加重は、法の定める範囲内で、できるかぎり本件の実態に即した刑を盛るための適法・適正な措置である。

「最高刑」に込められた思いとは

被害者の親は「犯人は石をつけて日本海に沈めたい」と切実な叫びをあげている（この言葉

は「犯人を死刑にしたい」という表現以上の切実さがある）。そして「せめて娘の心の傷が治るまで犯人を社会に出さないでもらいたい」と切々と訴えている。これは被害者の家族として決して過剰なものではなく、したがって多くの人の共感を得るものであろう。刑罰は、根源的に一般国民の正義感情を基盤におくものであるとするならば、かかる感覚は裁判官の量刑決定上も十分斟酌されなければならない。

本件のように、事件自体がこの上ない悪質重大な案件で、しかもそれに適用する法定刑は事件の実態にそぐわないような軽いものであるとき、せめて法の許すかぎりの最上限の刑を科すのが国民の正義感にマッチした処理である。国民の正義感は法の定める刑を超える刑を求めているのではない。現行法の定める刑の「最高刑」を科すことを求めているのである。私も、「一四年よりは一年重い」という意味の一五年を求めているのではない。有期刑のように〝幅〟のある刑については、それが適用される罪が、本件のようにこれ以上はない悪質な事案の場合は、「一四年よりは一五年の方が重い」というような量としての程度の比較衡量を超えて、質として、裁判所がその事件をどう見ているかにかかるのである。本件において、裁判所が法の定める刑の上限から一年減じた理由として、被告人が反省の態度を示していること、窃盗について被害弁償がなされたこと、被告人に人格障害があることなどを挙げているが、それらはほとんど牽強付会の理由にすぎず、要は〝日本式折衷方式〟を踏襲したにすぎない。被害者や家族の無念の思いに徹し、裁判を血の通ったものにするとすれば、そこにはもはや、「最高刑」しかあり得ないのである。

3　控訴審判決下さる（二〇〇三年一月）

―併合罪加重の意義―

首肯できぬ高裁判決

当時九歳の小学生であった少女をさらい、九年二か月間も自室に閉じ込めていたという、わが国犯罪史上未曾有の長期にわたる監禁等事件について、二〇〇二年一二月一〇日、その控訴審（東京高裁）判決が出された。

同控訴審においては、主として、第一審が下した懲役一四年という量刑の当否が争われた。といっても量刑事情としての情状が問題になったのではなく、同量刑の前提となる刑法四七条―併合罪加重の解釈が問題となったのであるが、控訴審判決は同条に制限的な解釈を施して、第一審判決を破棄し、その量刑を下回る懲役一一年を言い渡した。しかし、この解釈にはかなりの疑問がある。

本件の事案の概要及び被害者救出・被告人逮捕までの経緯については3 1（八〇頁以下）で、

第一審における争点と量刑については3 1（八〇頁以下）でそれぞれコメントしたので参照されたいが、控訴審判決を検討するうえで必要な限度で、これまでの経過と問題点を振り返ってみよう。

事件の経過と争点

事件発覚後、警察は被告人を未成年者略取、逮捕・監禁致傷で逮捕し、検察官は同罪で起訴し、公判係属中に、余罪の二四〇〇余円相当の女性下着の万引き窃盗を追起訴した。

この処理において、まず問題となったのは、未成年者略取罪と逮捕・監禁罪との罪数関係である。略取罪の法的性質については状態犯か継続犯かにつき争いがあり、もし前説をとると、逮捕・監禁罪との関係が併合罪になる可能性があり、そうすると、未成年者略取罪については公訴時効が完成してしまっていることになる。しかし、検察官は、本件の場合は、略取と逮捕・監禁とは行為が重なり合っているから観念的競合の関係になり、さらに逮捕し引き続き監禁した本件の場合、逮捕と監禁とは包括的一罪の関係になり、結局、全体として科刑上一罪となるが、このような科刑上一罪の場合、その中の最も重い刑の罪が終了した時点からすべての罪についての公訴時効が進行することになるので、本件の場合は、監禁が終了した時点（二〇〇〇年一月二八日）が時効の起算点となり、本件起訴時点（同年三月三日）では略取を含めて時効は未完成であると主張し、第一審判決も同様の理由により時効未完成であるとした（この点は、控訴審判決でも支持された。）。

第二に、傷害の点が問題となった。警察が立件した「監禁致傷」の「致傷」は「心的外傷後ストレス障害（ＰＴＳＤ）」と「両下肢筋力低下」であった。前者の「ＰＴＳＤ」を内容とする傷害で立件した例は恐らくこれが初めてである。刑法上の「傷害」とは人の生理的機能に障害を与えることであり、理論上、それには肉体的機能障害のほか精神的機能障害も含むと解してよいが、立証上は幾つかの難点があったので、検察官は慎重を期してそれを起訴からはずし、立証が容易な、後者の「両下肢筋力低下」のみを傷害の内容とする監禁致傷で起訴した。ちなみに、本件起訴後は、ＰＴＳＤを傷害の内容とする起訴がなされ、裁判所もこれを認めるという取扱いが一般化しており、その意味では、本件が、ＰＴＳＤを傷害扱いしない取扱いの終焉であるといってよい。

第三に、量刑の問題であり、これが控訴審でも、最大の争点となった。しかも、それは、前述したように情状論としてではなく、法解釈論としてである。

量刑についての検察官、弁護人双方の主張

そもそも、略取罪も逮捕罪も監禁罪もその法定刑は、三月以上五年以下の懲役である。本件

において、もし被害者に傷害が発生していなければ、法の定める最高刑であっても懲役五年にとどまる。被害者は筆舌に絶する暴行・脅迫を受け、一〇年近くの長きにわたる期間監禁されたのに、犯人の方は最高刑でもその半分しか服役しないということでは到底間尺に合わない。これは、監禁罪の法定刑が軽過ぎることに起因するが、それは明治四〇年の現行刑法立法当時、監禁の期間は長くても「月」単位程度であって「年」単位に及ぶことがあるなどとは誰も予想できなかったことによるのであろう。そこで、捜査機関は、監禁に起因する被害者受傷の事実の証拠を集め、「両下肢筋力低下」という傷害としては軽微なものであるが、これを傷害の内容として監禁致傷で起訴した。これにより「傷害の罪と比較して重い刑により処断する」ことになり（刑法二二一条）、最高刑一〇年まで科すことが可能になった。しかし、これとても、犯人は被害者の監禁期間とほぼ同一期間服役するにとどまることになり、刑罰の秩序維持機能を達成することができず、被害者、その家族の処罰感情や一般市民の正義感情を満足させることができない。

そこで、検察官は余罪捜査のうえ、判明した前記窃盗を追起訴した。この犯行はたかだか二四〇〇〇余円の下着万引きという軽微事犯で、被害も弁償済みであったから、通常なら起訴猶予相当事犯であり、したがって、これを起訴するのは、一般的には、検察官の訴追裁量の濫用という批判を受けかねない処理である。にもかかわらず、検察官がこの挙に出たのは、併合罪加重の処理による処断刑の引上げにあったというほかない。刑法四七条は、併合罪について懲役に処するときは「その最も重い罪について定めた刑の長期にその二分の一を加えたものを長期とする」と定めており、これによれば、本件の場合、上限懲役一〇年の逮捕・監禁致傷と同じく上限懲役一〇年の窃盗罪とが併合罪になり、併合罪加重により最高刑が懲役一五年となる。検察官はこの併合罪加重制度を活用することによって、裁判所が法の定める範囲内で、できる限り事案の実態に即した刑を盛ることができるようお膳立てしたのである。そして、被告人に懲役一五年を求刑した。

弁護人は「追起訴された窃盗は被害が軽微で弁償済みであるから、それが併合罪を構成し、併合罪加重されることになるからといって、量刑を五〇パーセント増しに相当するものとして上乗せすべきではない」と主張したが、第一審判決はこれを排斥し、「逮捕監禁致傷罪の法定刑の範囲内では到底その適正妥当な量刑を行うことができない」として、被告人に懲役一四年を科した。私は、法定刑の上限自体が軽きに過ぎる場合は、せめて法の許す限りの最高刑を科すのが国民の正義感に適《かな》った適正な量刑だと思うので、最高刑より一年減じた量刑は、伝統的な〃日本的折衷方式〃から抜け切っていないものとして不満を覚えるが、併合罪加重制度を用いて実態に即した量刑を図ろうとした第一審の態度に賛意を表したことであった。

ところが、弁護人は、「本件窃盗罪の刑は最大限に重い評価をしてもせいぜい懲役一年であり、これと逮捕監禁致傷罪の法定刑の上限である懲役一〇年とを合算しても懲役一一年にしかならないのに、原判決がこれを大幅に上回る懲役一四年に処したのは、本件逮捕監禁致傷罪について、法定刑の上限を超える量刑をしたからである。しかし、これは、刑法四七条の趣旨及び逮捕監禁致傷罪の刑の上限を定めた同法二二一条、二二〇四条に反する」と、法令適用の誤りを主張して控訴した。

控訴審判決要旨

控訴審判決は、弁護人の主張をほぼ全面的に受け入れ、「刑法四七条の趣旨からすれば、併合罪全体に対する刑を量定するに当たっては、併合罪中の最も重い罪につき定めた法定刑の長期を一・五倍の限度で超えることはできるが、併合罪を構成する個別の罪について、その法定刑を超える趣旨のものとすることは許されない」とし、例えば、「逮捕監禁致傷罪と窃盗罪の併合罪全体に対する刑を量定するに当たっては、逮捕監禁致傷罪につき懲役九年、窃盗罪につき懲役七年と評価して全体について懲役一五年に処することはできるが、逮捕監禁致傷罪につき懲役一四年、窃盗罪につき懲役二年と評価して全体について懲役一五年に処することは許されず、逮捕監禁致傷罪については最長でも懲役一〇年の限度で評価しなければならない」とし、そのように解することから生ずる不都合は、法定刑の引上げの法改正をするほかないと判示した。

刑法四七条（本文）の解釈

しかし、法定刑の改正についての提言は別として、刑法四七条の解釈についての見解には大いに疑問がある。刑法をはじめ刑罰法令は、各犯罪に科すべき刑罰（法定刑）を定めているが、この法定刑から実際に言い渡すべき刑（宣告刑）が直ちに導き出されるのではなく、刑を重くする事由（加重事由）や軽くする事由（減軽事由）があるときは、法定刑に加重、減軽が施され、それによって算出された一定の幅のある刑（処断刑）の範囲内で宣告刑が決められる。このように、法定刑は、一定の加重・減軽によって修正された処断刑に変化し、それを経由して、最後に具体的な宣告刑となる。

刑法はこの処断刑を算出するための詳細な規定を設けているが、「併合罪加重」は「再犯加重」と並ぶ加重事由の一つである。すなわち、併合罪のうちの二個以上の罪について有期の懲役・禁錮に処すときは、最も重い罪の法定刑の長期の一・五倍を併合罪全体に対する刑の長期とする。これを加重主義というが、併合罪の処分については、このほかに、各罪のうち最も重い罪の刑によって処断する吸収主義（併合罪中の一罪について死刑、無期の懲役・禁錮に処すべき場合、刑法四六条）と刑を併科する併科主義（罰金、刑法四八条）とがある。加重主義は、有期懲役・禁錮に処すべき数罪の処断に当たって、一罪を罰する場合よりも重くすべきであるのは当然の要請であるから、吸収主義は採らず、その反面、数罪の刑をすべて併科するのは苛酷にわたるから、併科主義も採らず、刑の上限を最重刑の一・五倍に限定したのである。

しかし、処断刑は法定刑が所定の加重率によって修正されたものである。それは、控訴審判決自体が説くように、「併合罪全体に対する刑」である。ということは処断刑はもはや法定刑ではないことを意味する。法定刑とは異なる、法定刑の拘束から解き放されたものである。すなわち、法は、併合罪加重事由が存在する場合は、法定刑を離れて併合罪加重をした処断刑の範囲内で宣告刑を決定することを認めているのである。そうでなければ、併合罪の処分について、法が吸収主義も併科主義も採らず加重主義を採った意義が失われてしまう。併合罪加重する場合は、その併合罪を構成する複数の罪を一体としてとらえなければならないのである。処断刑が法定刑を修正されたものである以上、そして一定の加重率によって処断刑が計出された以上、宣告刑を決定する土俵となる枠は処断刑があるのみであって、その場合でもなお法定刑の制約が意味を持つのであるとは到底言えない。結局、併合罪全体に対する刑を量定するに当たって、併合罪中の最も重い罪につき定めた法定刑の長期の一・五倍を超えることはできないが、併合罪を構成する各個の罪についての法定刑の長期を超えることはできると解すべきなのである。

刑法四七条（但書）の解釈

もっとも、各罪について定めた刑の長期を合算したものを超えてはならない（刑法四七条但書）。例えば、窃盗罪（一〇年以下の懲役）と公務執行妨害罪（三年以下の懲役・禁錮）との併合罪において、重い窃盗罪の刑の長期一〇年にその二分の一を加えれば、長期は一五年となるが、これは公務執行妨害罪の刑の長期三年を合算した一三年を超えることになるので、この場合の併合罪の処断刑の長期は一三年どまりとなる。しかし、これは懲役・禁錮刑につき加重主義を採って併科主義を排した意義が失われるからかかる例外を設けたにすぎず、処断刑を算出した後も法定刑に縛られる趣旨によったのではない。

このことは再犯加重の場合についてはなおさら言える。再犯の刑はその罪についての法定刑である懲役の長期の二倍以下とされる（刑法五七条）が、加重は、処断刑の幅を広げる意味であって、宣告刑はその範囲にある限り、前犯の刑より軽くても差し支えないことはもちろん、当該罪の法定刑より上回っても差し支えない。むしろ、法定刑を超える刑を宣告刑とすることができる点に、再犯加重の制度意義がある。

また、控訴審判決のように、併合罪を構成する個々の罪の法定刑を重視する立場をとると、次のような問題が生ずる。例えば、本件の場合、同判決は、逮捕監禁致傷については、その情状上、法定刑の最高刑をもって臨み、窃盗については「同種事犯における量刑との均衡」を考慮して懲役一年と考え、それを合わせて懲役一一年としたが、併合罪加重の処理をして処断刑を計出するうえで、前者を法定刑の長期を基準にしながら、後者を「一年」とした理由が問われなければならない。前述したように、処断刑は法定刑の修正であるが、加重・減軽の事由もその率も、その順序も厳格に法定されており、刑法の適用のうえで最も数学的・技術的要素のあるものである。すなわち、それは宣告刑と異なって裁判官の裁量によって左右できない分野であり、特に併合罪加重は再犯加重とともにその要素が強い。併合罪加重処理をするうえで、逮捕監禁致傷につき法定刑の長期を問題にするなら、窃盗についてもその法定刑の長期を問題にすべきであるのに、後者は「同種事犯における量刑の均衡」という曖昧な基準を持ち出すのは果たして論理一貫していると言えるであろうか。これでは、本来、数学的に計出されるべき、したがって計出の結果が一定であるべき処断刑が裁判官ごとに区々となってしまい、法的安定性を著しく阻害することになる。

速やかな是正を期待

併合罪加重はれっきとした法律上の制度であり、それを見込んだ検察官の余罪（窃盗）追起訴措置、それを受けた第一審裁判所の併合罪加重処理はいずれも法を厳正に適用した措置であって、違法でもなければ脱法的でもない。そういう措置をとることによって、法定刑が軽過ぎるギャップを埋め、できる限り事件の特殊性に即した刑を盛ることができるように配慮した処理であり、しかも、それは従来の裁判実務がとってきた見解に立脚した処理であったのである。しかるに、控訴審は、理論的精度において未成熟のまま従来の見解を覆す態度に出、しかも、事件の実態にそぐわず、被害者やその家族、一般市民の神経を逆撫でするような結論を出したのはいかにも不可解である。

検察官は、同判決には法令解釈に誤りがあるとして、最高裁に上告受理の申立てをし、最高裁はこれを受理した。最高裁が速やかに是正判断をするよう期待される。

4

異常性—池田小事件—

1　事件発生（二〇〇一年九月）
―触法精神障害者への対応―

何が男を犯行に駆り立てたか

無言で包丁を振り回す男、けがをした児童が血で服を真っ赤にして逃げまどう――、のどかな授業風景が突如凄惨な地獄絵に化した。二〇〇一年六月八日午前一〇時一五分、閑静な住宅街の中にある大阪教育大学付属池田小学校に刃物を持った暴漢が乱入、一、二年生の児童を次々に刺し、児童八名を死亡させ、教師三名を含む二〇名以上に重軽傷を負わせたのである。

犯人はその場で取り押さえられたが、白昼、小学校を舞台にし、児童をターゲットにした無差別殺戮――それ自体が異常な犯行であるうえ、被疑者（三七歳）は、逮捕直後、「事件直前に、精神安定剤一〇回分をまとめて飲んだ」、「死ねとかめし食うなという声が聞こえる」などと述べ、また、「池田駅前で人に取り囲まれ殺されると思って、一〇〇人ぐらいをメッタ切りにした」と実際とは全く異なる状況を口走ったりしたことから、同人は薬物による幻覚・幻聴状態か、現実と幻想が混同した錯乱状態下で犯行に及んだ可能性が出てきた。「幻覚」・「幻聴」・「錯乱」という精神状態下で本件が行われたとすると、本件は「心神喪失」下で敢行された疑いが生ずる。さらに、犯行当日のうちに判明した事実、すなわち宅間は、二年前の一九九九年三月、用務員として勤務していた兵庫県内の小学校で、教員四名に精神安定剤入りのお茶を飲ませ傷害容疑で逮捕されたが、簡易鑑定の結果、精神分裂病と診断され、事件自体は不起訴処分になったうえ、精神病院に措置入院になり、退院後も精神科に通院中であったという事実を併せ考えると、ますます、犯行時、心神喪失の疑いが濃くなった。そこで、捜査官は、逮捕直後から鑑定留置による精神鑑定をする準備を進めた。

「心神喪失」と「心神耗弱」

刑法三九条一項は、「心神喪失者の行為は、罰しない。」と規定している。ここに「心神喪失者」とは、精神の障害により行為の是非を弁別する能力又はその弁別に従って行動する能力のない者であるとされている。これを責任無能力者といい、刑法は刑事未成年者（一四歳未満―刑法四一条）とともに、心神喪失者を責任無能力者とし、それらの者の行為は「罰しない」としているのである。

「罰しない」とは、罪となるけれども罰しないという意味ではなく、罪とならないという意味である。ある人間の行為が犯罪といえるには、それが客観的に、構成要件に該当し、違法であることのほかに、主観的に、責任の要件が整っていなければならない。その責任の要素の一つが責任能力である。したがって、心神喪失＝責任無能力者については犯罪そのものが成り立たない。池田小学校事件のように、どんなに凶悪な事件であっても、「行為と責任との同時存在」の原則からして、もしそれが心神喪失中に犯されたものであれば、犯人を処罰できないだけではなく、そもそも犯罪にならないのである。

心神喪失と似て非なるものに、「心神耗弱」がある。刑法三九条二項は、「心神耗弱者の行為は、その刑を減軽する。」と定めている。「心神耗弱者」とは、責任能力があるけれどもその能力が著しく低い者をいう。だから、心神耗弱者は限定責任能力者といい、責任無能力者とはいわない。したがって、また、心神耗弱者の行為は立派に犯罪が成立し、ただ刑が軽くなるだけであり、その点が犯罪そのものが成立しない心神喪失と決定的に異なる。

被疑者の心理状態の判定

心神喪失・心神耗弱であるかどうかの判定は、行為者の精神状態の異常性を根拠とする生物学的方法と、その異常状態に基づいて自由な意思決定をすることができなかったことを根拠とする心理学的方法とが併用される。したがって、個々の事件において責任能力の有無が問題となった場合、しばしば、精神医学、心理学などの専門的知識が必要とされ、それを持つ専門家による「鑑定」が行われる。しかし、「心神喪失」、「心神耗弱」という概念は刑法上のものであって、精神医学上や心理学上のものではない。具体的な被疑者（被告人）の犯行時の精神状態がこれらに当たるかどうかは、法律家、究極的には裁判官の判断にゆだねられる。裁判官は鑑定結果を重要な参考資料にしつつも、それにとらわれることなく、自らの判断によって判断しなければならない。その際、鑑定結果以外の諸事情、とりわけ、犯行前後の本人の言動及び犯行そのものも重要な判断資料として、それらを総合して判断すべきである。

本件発生直後、私はそのことを強調した。なるほど、前述した犯行状況及び犯行前後の本人の言動だけからすると、精神異常ではないかと思われるフシがあるが、他方で、本人は犯行前に、精神障害者手帳を持ち歩き、それを他人に示しては「自分は精神科に通っているから、何をやっても罪に問われない。逃げ道がある。」と語った事実が分かったが、これは本人が精神病を免罪符にしていることを意味するものであるし、犯行後、捜査官に「何もかも嫌になった。死刑にしてほしい。自殺をしたい。」などと述べたが、「何もかも嫌になった」のに、楽しい生き方を求めたのなら支離滅裂であって精神異常をうかがわせるけれども、厭世感から死を求めるというのは矛盾はなく自然で合理的である。しかも、事件直前の五月下旬、西宮市の病院で、「妄想性人格障害」と診断されていたことも判明したが、それは性格が妄想を持ちやすいというだけで心神喪失ではあり得ない。したがって、本人が精神分裂病に罹患していて、本件が幻覚・幻聴・錯乱といった心神喪失的な精神状態下で敢行されたというのは十分疑ってかからなければならない。それらは〝芝居〟の可能性があるということを指摘したことであった。

見破られた被疑者の〝芝居〟

果たせるかな、その後の捜査により、本人の経歴、行状等が判明するにつれ、重篤な精神病の罹患者であるということは詐病である疑いが濃厚となった。彼は、数回にわたり結婚、離婚を繰り返し、自衛隊員、バス・ゴミ収集車運転手、学校用務員等と職を転々とし、その間に、一方で、暴力沙汰を反復し、他方で、詐術的行為を累行している。いわゆる触法精神障害者には、暴力犯的なものと欺瞞的なものとがあるが、彼の場合はその双方を兼ね備えているもののようである。とりわけ、後者の要素が注目される。大学病院医師の肩書や会社社長の肩書を付した名刺を作り、これを用いて女性の歓心を得ようとしたり、欺瞞的手段で養子縁組をしたりした。その間に、六法や法律書によって法律を学び、養子縁組を解消した女性を相手に、本人訴訟によって損害賠償請求訴訟を提起し、自ら、整然とした準備書面を作成したりもしている。

かくして、遂に、犯行直前、精神薬を一〇回分服用したとの供述、池田駅前で一〇〇名を刺殺したとの供述は虚偽である旨を自供した。彼は、そのような供述をすれば、捜査官が「被疑者は、多量の薬物服用により精神錯乱状態に陥り、現実と空想の区別ができないまま犯行に及んだ」と考え、自分の刑事責任を問わなくなるだろうという計算のもとに虚偽供述に及んだのである。精神異常どころか、心神喪失制度を逆手にとった、悪賢さの長《た》けた者の言動である。心神喪失とはおよそ縁遠い精神状態といわなければならない。

本件での鑑定留置の必要性

してみれば、被疑者が犯行当時、心神喪失であったか否かという観点からは、鑑定をする必要はなくなったといってよい。しかし、捜査官は、予定どおり、鑑定留置状を得て、三か月間の鑑定留置による精神鑑定に入った。その理由の第一は、心神喪失の疑いはほとんど消滅したが、犯行自体の異常性等からして、心神耗弱の疑いは依然として残っているので、その点を明らかにする必要があるからである。というのは、心神耗弱の有無は、量刑に重大な影響が生ずる。本件殺人・同未遂の法定刑（死刑、無期懲役、三年以上の有期懲役）のうち、事案の重大・悪質性にかんがみ、死刑を選択したとしても、心神耗弱中の犯行と認定されれば、それは必要的減軽事由であるから、その処断刑は無期懲役・禁錮又は一〇年以上の有期懲役、禁錮となり、重い方を選択しても、宣告刑の最高刑は無期懲役となる。しかし、現行の無期懲役刑は、一〇年服役すれば仮出獄が許される（刑法二八条）。つまり、無期刑というものの実質は一〇年以上の有期刑である。死刑囚にとって前方にあるのは「死」のみであるが、無期囚にとって前方には社会に戻れる明るい「生」の窓が用意されているのであり、その両者には天と地ほどの質的差があるといってよい。本来死刑に処せられるべき者が、まだ十分に人生を楽しみ得る年代に社会に復帰したとき、なんら落ち度もないのに、残虐、無惨な方法で殺害された者の遺族はいかなる思いを抱くであろうか。生涯社会復帰することができない絶対的終身刑の新設を検討しなければならない。

第二の理由は、次に述べる、触法精神障害者に対する法的措置の改善を進めるうえで、その重要な素材となる本件について、その事実関係のほか、被疑者の精神状態も明確にしておく必要があるということである。

捜査段階で、被疑者が犯行時、心神喪失と認められた場合はもちろん、心神耗弱と認定された場合も不起訴処分になることが多い（ただし、不起訴理由は、前者は「心神喪失」、後者は「起訴猶予」）。犯罪白書（二〇〇〇年版）によると、心神喪失・耗弱を理由に不起訴となった被疑者は、一九九五～九九年の五年間だけで三二四〇人に上っている。また、起訴された被告人につき、一九九一～二〇〇〇年の一〇年間に、心神喪失で無罪となった者は三二人、心神耗弱で刑が減軽されたのは四六八人である。

〝処遇の空白〟を埋めよ

問題は、心神喪失等の理由により不起訴・無罪になった者に対する措置である。そのような精神障害者については、精神保健及び精神障害者福祉に関する法律（精神保健法）により、検察官は知事に通報し、知事は二人以上の精神科医の診察を経て、「自傷他害」のおそれがあると認めれば指定精神病院に強制的に入院させることができる。しかし、いつまで入院させるか、いつ退院させるかは当該病院側の、しかも一人の医師の判断でも決定することができる。触法精神障害者は医師の指示に素直に従わないことが多く、病院にとって〝厄介者〟であるので、早期に退院させてしまうことが少なくない。その結果、退院後に凶悪な再犯を犯す例が多い。本件被疑者もその例の一つである。

このように、わが国では、検察官又は裁判所で責任能力がないとされた場合、そのあとの手続は司法に権限がなく、行政機関にのみ任されている。これは精神障害者の〝人権〟保護をベースにした制度であるが、社会の〝安全〟保持の観点からは問題である。そこで、責任能力がないが故に刑事責任を問うことができない場合でも、無罪、不起訴として司法手続から放逸してしまうのではなく、治療（病院）と刑罰（刑務所）との中間的性格の処分を新設すべきである。すなわち、医療と司法とが協働して、本人の治療と社会の安全の二つの要請を全うする専門医療施設が検討課題となるのである。

ドイツ、スイス、オランダ等ヨーロッパ各国では、こういう内容を盛り込んだ触法精神障害者に対する刑事法的対応が実践されている。日本でも、法務省が過去二度、保安処分の新設を考えたが、人権上問題とする精神科医や弁護士会の反対で断念した経緯がある。

このように、この問題については、被害者側のやり場のない憤りがある一方で、「専門施設は差別を助長する」と懸念する声が必ず出てくる。しかし、治療・社会復帰の過程に、なんらかの形で司法がかかわる、という方向での論議は、もはや避けて通ることができない段階にきている。法務、厚生労働両省が中心となって、建設的な議論が展開されるよう切に希望する。

2 第一回公判開かる（二〇〇二年二月）

―心神喪失・心神耗弱・完全責任能力―

死刑を望む宅間被告

東京で、野村沙知代被告人の脱税事件が起訴された日の翌日の二〇〇一年一二月二七日、大阪では、宅間守被告人の池田小学校児童殺傷事件の第一回公判が開かれた。

閑静な住宅街の中にある小学校の教室で、敢行されたこの凄惨な事件は、昨年中の最大・最悪の事件であるのみならず、わが国犯罪史上未曾有のものであり、全く落度がなく、無防備で、いたいけな児童に向けられた凶行であるだけに、世の人の心胆を寒からしめ、死亡児童に対する深い哀惜の念と犯人に対する強い憤りに満ちた。

白昼、衆人環視の中で敢行され、現行犯逮捕された本件にあっては、犯行の外形的・客観的事実及び宅間が犯人であることについては問題がなく、ただ、犯行当時の宅間の精神状態が捜査の主眼となった。そこで、三か月近い鑑定留置による精神鑑定を中心にして捜査が進められ

（事件の内容、精神面に関する問題点については、④1（一〇八頁以下）で指摘した。）、「人格障害ではあるが刑事責任能力に影響なし」との結論を得て、九月一四日、該小学校への建造物侵入、児童八名を被害者とする殺人、児童・教師一五名を被害者とする殺人未遂、凶器の包丁の刀剣不法所持で起訴され、さらに、同月二五日、余罪の傷害、暴行、器物損壊も追起訴され、第一回公判を迎えた。

私も同公判を傍聴したが、法廷では、被害者の遺族ないし家族の態度と被告人のそれとが対照的であった。裁判所の配慮により、九六席の傍聴人席のうち三分の一の三二席が遺族らに与えられ、遺影の持ち込みも許された遺族らは、法廷における節度を守り、起訴状や冒頭陳述書の朗読中、思わず嗚咽し、すすり泣くことはあったが、残虐に我が子を殺害した男を前にして、激して我を失う挙に出る者はなかった。これに対し、被告人は、半年余ぶりで大勢の人の前に出るのに臆することなく、遺族らを一瞥することもなく、検察官が起訴状朗読を始めると「坐ったらあかんか」と言い、裁判長から「立って聞いていなさい」とたしなめられ、また冒頭陳述中は何度も足を組み替えて裁判長から「足を組むのをやめなさい」と注意されるなど、ふてぶてしい態度で終始した。

罪状認否では、全起訴事実を認めたうえ、「自分の命をもって償いたい」と述べた。それは一見、潔《いさぎよ》い態度のように見受けられるものの、事前に弁護人が謝罪・反省の言葉を加えるようにすすめたのに、本人はあえて「命をもって償うとだけ述べる」と言って聞かなかったとのことであるから、謝罪・反省の気持ちから「命で償う」と言ったのではないとみるべきであろう。彼が求めているのは死刑か、しからずんば無罪である。その中間の刑、特に無期刑に科せられてズルズル生かされるのはたまらないのである。彼は自分に有利になるならいいが、無駄ならしたくないのだ。彼は徹底した功利主義者なのであろう。被告人の利益になるように努めるのが弁護人の役割だが、まさか死刑を求める弁論もできないし、何よりも弁護人でさえ、本人の心が読めず、本当の宅間を摑み切れないもどかしさがあるようである。

犯行時の精神状態をめぐる論争

弁護人は、とりあえず、「犯行時、心神喪失か心神耗弱であった疑いがある」と主張した。通常なら「心神喪失」または「心神耗弱」のいずれかを端的に主張するものであるが、これでは刑事責任能力につきその判断を裁判所に下駄をあずけたことになる。そこにも弁護人の苦悩が表れている。

一方、検察官は、被告人は犯行時完全責任能力があったと主張した。ただ、本件では被告人の精神状態が唯一・最大の争点になっているのにかかわらず、冒頭陳述書の上では、被告人の経歴・行状、犯行の経緯等については詳細すぎるくらい具体的であるのに比べ、「犯行時の被告人の精神状態」という項目は、わずか四行に止まっている。これは、経歴・行状等を具体的・詳細に立証することによって、犯行時の精神状態が刑事責任能力に影響がないものであったことを明らかにしようとする意図からであろう。④1（一〇八頁以下）で述べたように、「心神喪失」、「心神耗弱」、「完全責任能力」という概念は、精神医学上や心理学上のものではなく、刑法上のものであり、犯行時の精神状態がそのいずれに当たるかは、裁判所が、鑑定結果だけでなく、それ以外の諸事情、とりわけ犯行前後の本人の言動及び犯行そのものを総合して判断するものであり、その意味で、検察官が鑑定書の記載内容だけでなく、本件犯行に至るまでのすべての事情を犯行時の被告人の精神状態の判断資料に供しようとした態度は正当である。

ところで、冒頭陳述で述べられた事実は証拠によって証明すべき事実である。その証拠とは法廷に顕出される全証拠である。被告人の供述だけではない。しかし、あれだけ時系列的・物語形式的に詳細に冒頭陳述を構成できたのは、被告人の供述が中核となっているのであり、それは被告人が、捜査段階において、生い立ちから犯行に至るまで整然と供述したことを意味する。とすれば、公判廷においても、被告人に大いに語らせるべきである。札幌の城丸秀典君事件、和歌山のヒ素カレー事件などのように法廷戦術としていっさいを供述しないという態度をとる場合はやむを得ないとして、本件被告人のように供述する意思がある場合は、証拠調べの最終段階の被告人質問の段階だけでなく、随時、被告人の供述を求めるべきであろう。それが、遺族等をはじめ、この事件に関心を寄せる人々のニーズにもかなうというものである。

なお、本件の発生をきっかけに、触法精神障害者の処遇をめぐる論議が高まったが、法務省は、裁判官と精神科医らの合議制とする処断判定機関を全国の地裁に新設する方針を固めたようである(二〇〇一年一二月六日付読売新聞朝刊)。これは裁判官以外の専門家が司法判断に関与する「専門参審制」が導入されることを意味する。司法制度改革審議会が答申した「裁判員制度」に先がけて、本年の通常国会に関連法案が提出される見通しである。ヨーロッパ各国のこれに関する制度を参考にしつつ、わが国の土壌にマッチした制度が速やかに設置されることが望まれる。

〔追記〕

本文掲記の趣旨による「心神喪失等の状態で重大な他害行為を行った者の医療及び観察等に関する法律」が、二〇〇三年七月一六日法律一一〇号をもって制定され、二〇〇五年七月一五日施行された。

3　一審判決（死刑）下さる（二〇〇三年一〇月）

―精神状態の判断方法―

事件の概要

白昼、小学校に乗り込み、児童らを無差別に殺害した「大阪・池田小学校事件」につき、去る二〇〇三年八月二八日、一審判決が言い渡された。被告人・宅間守に対する刑は死刑。例年のように夏をオランダで過ごしていたわたしにこの報がもたらされたとき、異国の地にあって、あらためて惨劇の犠牲者となった児童達に合掌して、その永遠の眠りの安らかであることを祈ったことであった――。

事件は二〇〇一年六月八日午前一〇時すぎ、閑静な住宅街の中にある大阪教育大学附属池田小学校の教室で発生した。出刃包丁と文化包丁を隠し持った宅間が同校の一～二年生の教室に次々に乱入しては、児童を手当たり次第に刺して八名の児童を殺害し、一三名の児童、二名の教諭に重軽傷を与えたというもの。

犯人・宅間（当時三七歳）は副校長らにその場で取り押さえられたが、事件自体が異常であったうえ、同人は逮捕直後、「自宅を出るとき、精神安定剤一〇回分をまとめて飲んだ」、「池田駅前で人に取り囲まれ、殺されると思い、一〇〇人ぐらいをメッタ切りにした」などと、実際とは全く異なることを口走ったので、幻覚・幻聴、錯乱状態で本件が行われた疑いが生じたこと、過去に精神病院の入退院、通院を繰り返しており、その中には精神分裂病（統合失調症）と診断されたこともあったことから、捜査段階の勾留中に、鑑定留置をして三か月間の精神鑑定（鑑定人・檻葉明）を実施した。そのうえで、同年九月一四日、建造物侵入、殺人、同未遂、銃刀法違反で起訴された。さらに、同月二五日、本件以前に敢行されたホテルドアマンに対する傷害、乗用車運転者に対する暴行、自動車五台のタイヤをパンクさせた器物損壊が余罪として追起訴された。

争点は刑事責任能力の有無

現行犯逮捕がなされた本件においては、その外形的事実および犯人が被告人であることについては疑う余地はなく、公判における争点は、専ら犯行時の精神状態、すなわち刑事責任能力の有無に絞られた。そして、前記のように、すでに捜査段階で精神鑑定がなされていたが、念のため、さらに再度の精神鑑定（鑑定人・林拓二、同・岡江晃）が実施された。その結果、檻葉鑑定も林・岡江鑑定も、被告人は犯行時、精神分裂病等器質的な精神障害ではなく、人格障害の状況にあったにすぎず、妄想もあくまで被告人の人格に起因する妄想反応であるとの結論が出された。しかも、心神喪失者の行為は刑事責任を問われないことを知り、過去にも精神病を装ったこともあり、本件についても、逮捕直後の「精神安定剤一〇回分云々」、「池田駅前で一〇〇人云々」の言辞は、現実と幻想が混同した錯乱状態で犯行に及んだと捜査官に思わしめるようにした〝芝居〟であることが判明、要するに、心神喪失制度を逆手にとり、精神病を免罪符にした、悪賢さの長《た》けた言動に及んでいたのである。これは、およそ心神喪失とは縁遠い精神状態といわなければならない。

かくして、心神喪失の疑いは、かなり早くからほとんど消滅したといってよい状況にあったが、犯行自体の異常性等からして心神耗弱の疑いは依然として残っていた。この点につき、検察官は完全責任能力があったと主張し、弁護人は、被告人には単なる人格障害をはみ出した強迫思考、被害妄想等の多様な精神症状がみられる極めて稀な症例であり、少なくとも心神耗弱であると強調し、裁判所がいかなる判断をするのかに関心が寄せられていた。

しかるところ、判決は、検察官の主張を全面的に認め、被告人は、犯行時、心神喪失でないことはもちろん、心神耗弱でもない、完全責任能力者であったと認定した。すなわち、被告人には、他人の痛みを顧みない著しく偏った人格傾向があり、本件はその発露であるが、そこには精神疾患の影響はなく、本件犯行当時被告人は刑事責任を問うのに十分な責任能力を備えていたと断定したのである。注目されるのは、その判断方法・順序である。被告人の精神状態が問題となると、ややもすると、すぐ精神鑑定に飛びつき、鑑定結果に依存して判断をしがちである。ところが、本裁判所は、まず、犯行そのものや、その前後の状況、犯行後の供述状況等の客観的・外形的側面から判断を加え、これによる限りは犯行当時被告人は事理弁識・行動制御能力に疑問を抱かせるべき事情は見当たらないとし、次いで、捜査・公判両段階における二つの精神鑑定に言及し、その両鑑定は被告人が精神分裂病等の精神疾患に罹患していないことを明らかにしていると判断している。すなわち、犯行前後の被告人の言動自体から刑事責任能力があると判断し、精神鑑定は、その判断を裏打ちするものとして取り扱っているのであり、こういう判断方法は、刑事責任能力の有無を決する方法として正当である。そもそも、「心神喪失」も「心神耗弱」も刑法上の概念であって、精神医学上のそれではない。したがって、精神医学者の行う鑑定は、裁判官の刑事責任能力有無を判断するうえで、一つの参考資料にすぎない。犯行それ自体、および犯行前後の被告人の言動を客観的・冷静に観察して、それによって犯行時の刑事責任能力を判断するのを第一にすべきなのである。とくに、本件被告人のように、精神病に罹患していたように装う者についてはこのことが要請される。刑事責任能力制度を逆手にとって、これを免罪符とすることは許されるべきことではなく、本判決は言外にこのことを示唆したものといえよう。

至極当然の死刑判決

被告人が犯行時完全責任能力者であったとすれば、被告人に対する量刑は、誰が考えても極刑以外にはない。永山事件の最高裁判例に示された死刑の一般的適用基準をすべて充足している。犯行に至る経緯・動機に酌量すべき事情は全くなく、犯行は計画的であり、犯行態様は冷酷・執拗・残忍であり、結果は重大・悲惨で、遺族の処罰感情が極めて強い。とりわけ、意見陳述の形で法廷で明らかにされた遺族の、「(犯人には)精神的苦しみと肉体的苦しみを嫌というほど味わせたうえで地獄に送ってほしい」、「(犯人の)心臓をつかみ出して踏み潰してやりたい」、「(犯人には)できるだけ苦しみ、のたうち回らせ、自分の罪の深さを思い知らせたうえで死刑にしてもらいたい」等々という悲痛な叫びを裁判所も耳を傾けざるを得なかったのであろう。これが、なんらの落ち度もないのに残忍な方法で肉親の命を失わしめられた人の真情を吐露したものであって、決して過剰な反応ではない。

犯罪および犯人への憎しみ、その結果としてのむき出しの応報主義は、所詮過去のものであろう。しかし、そのような原始的な感情のすべてを否定し去れば、正義感の存立基盤、ひいては刑事裁判の存在意義が失われてしまうこともまた、否定できないのが人間社会なのである。

なお、本件の発生が契機となって、触法精神障害者についての法制度の見直しがなされ、国会で審議のうえ去る七月一〇日「心神喪失者等医療観察法」が可決成立した。これは、心神喪失や心神耗弱を理由に無罪の裁判や不起訴処分になった者については、入退院や治療の要否を、これまでのように医師だけでなく、裁判官と精神科医の合議によって判断するという新しい制度である。これによって、本人の病状の改善をはかるとともに、同種犯罪の再発防止に益しようとするものであり、その成果が期待される。

ところで、本判決言渡しの際、被告人が不規則発言をしたため、裁判長は被告人を退廷させ、被告人不在のまま言渡しをしたとのことである。そのまま被告人を在廷状態におけば、傍聴している被害者やその遺族の神経を逆撫《さかな》でするような発言を継続しかねないことからとられた措置であろう。しかし、これほどの重大事件で、宣告刑が極刑である場合に、被告人不在のままで言渡し手続を進めるのは、違法・無効でないにしても、適当とはいえないのではないか。被告人を退廷させるとともに、公判自体を休廷にし、弁護人等をして、被告人に不規則発言をたしなめさせるなどの措置をとったうえ、再開して、本人在廷の正常な状態下で言い渡すべきではなかったか。本裁判所は、被害者側の、意見陳述を認めたり、被告人と同室にいることに耐えられないとする人に対し、法廷外の別室で、ビデオリンク方式で傍聴することを許可したりなど、被害者保護につき最大限の対策をとったが、同様に、被告人に対する関係でも、判決の言渡しが正常な形で行われるよう、できるかぎりの工夫をすべきであったように思われる。

4 死刑の執行時期（二〇〇四年一〇月）
—早過ぎることはない—

控訴取下げ—死刑判決の確定

二〇〇四年九月一四日、大阪・池田小学校児童殺傷事件の犯人宅間守の死刑が執行された。その前年の二〇〇三年九月、死刑判決に対する控訴を取り下げて死刑が確定して以来、一年足らずの死刑執行は異例に早いとして注目をあびた。果たしてそういえるか。

この事件の内容、第一審判決に至るまでの経過については、4 1・2（一〇八頁以下）で述べたが、その概要は次のとおり。二〇〇一年六月八日午前一〇時ころ、宅間は大阪教育大学附属池田小学校の一、二年生の教室に次々に乱入し、所携の出刃包丁と文化包丁で児童らを手当たり次第に刺して、八名の児童を殺害し、一三名の児童、二名の教諭に重軽傷を与えた。

衆人環視の中で敢行され、犯人が現行犯逮捕された本件においては、その外形的事実については疑いを容れる余地がなかったが、犯行そのものが極めて異常なものであったこと、犯行直後、宅間が現実と幻想が混同していると窺われるようなことを口走ったこと、過去に精神病院への入退院を繰り返しており、その中には精神分裂病（統合失調症）と診断されたこともあったことなどから、問題点は専ら宅間の犯行時の精神状態、すなわち刑事責任能力の有無に絞られ、精神鑑定が捜査段階および公判段階の二回にわたって慎重に行われた。その結果、両鑑定とも、宅間は、犯行時、人格障害の状況にあったものの器質的な精神障害ではなかったとの鑑定結果が出された。

裁判所は、犯行そのものの客観的、外形的側面からみて被告人の刑事責任能力に疑いを抱かせるものはなく、前述の両鑑定はそれを裏打ちするものであり、したがって心神喪失でないことはもちろん心神耗弱でもなく、完全責任能力者であると認定し、二〇〇三年八月二八日、有罪・死刑を言い渡した。

この判決に対し、弁護人は被告人に控訴するよう勧めた。被告人には控訴・上告等の上訴をする固有の権限がある。被告人の法定代理人や原審弁護人も上訴権があるが、被告人の明示の意思に反してすることはできないし、それらの者のした上訴を被告人が取り下げることもできる。告訴権は被害者のほか法定代理人にもあり、しかも法定代理人のそれは固有権であって（判例）、明示・黙示を問わず被害者の意思に拘束されず行使できるし、法定代理人のした告訴を本人が取り消すこともできないのと対照的である。

そこで、弁護人は被告人の意思に沿った控訴申立てという形をとるため、被告人に熱心に控訴することを勧奨した。死刑より重い刑はないので、第一審の死刑判決に対して控訴、上告しても被告人に利益な方向への判決の変更がありこそすれ、不利益な方向への変更はありえないし、死刑という刑の性質上、裁判が長引くことによる不利益も考えられない。そこで、弁護人としては、控訴を勧奨したのであるが、宅間は「無駄に生きたくない」として、これに応じようとしなかった。弁護人はなおも説得を試み、遂に、宅間をして「先生が控訴するならしょうがないが、そのあとで自分が控訴を取り下げるかもしれない」と言わしめた。このやり取りでは、控訴することにつき真に被告人の意思に沿ったものとはいい難いが、弁護人としては、被告人の黙示の意思はともかく、明示の意思には反しないとして控訴申立ての手続をとった。しかし、九月に入るや、宅間は自らこの控訴を取り下げたので、その瞬間に死刑判決は確定した。しかも、その際、宅間は早期執行を求めた。

刑の確定から執行まで

およそ刑の執行は検察官の指揮によって行われる。しかし、死刑の執行だけは法務大臣の執行命令が先行する。死刑執行の重大性にかんがみ慎重を期すためである。同命令は、判決確定の日から六か月以内にしなければならず、同命令が発せられたときは、五日以内に執行をしなければならないとされている。具体的に言うと、法務大臣の執行命令は、刑場が付置されている拘置所を管轄する高等検察庁の検事長に下付され、検事長は部下の高検検事にその執行の指揮および立会いを命ずる。当該検事は拘置所長と連絡を取って、執行の日時を決め、当日同拘置所に赴いて、執行に立ち会う。

法務大臣の執行命令が判決確定後六か月以内に義務づけられているのは、確定判決がいつまでも執行されないままにおかれてはならないこと、死刑囚に不当に長く死への恐怖を継続させないことにあるが、受刑者が再審の申立てや上訴権回復の申立てなどをしている間はその期間に算入しないことになっている。しかし、算入しないというだけで、その間における執行を禁ずるものではない。とはいうもの、それらの救済手続きが行われている間は執行をしないことが実務慣行になっている。自己が欲する法的手段をすべてやり遂げたという充足感をもって最期を迎えさせた方がよいという配慮によるものであろう。その他、法務大臣が個人的信条にとらわれて執行命令書に署名・押印するのをためらうことなども原因して、わが国では、死刑判決が確定しながら執行されないで拘置されている期間が異常に長くなる傾向があり、平均七〜八年、ときには一〇年を遙かに超える場合があるといわれている。

早かった死刑の執行

こういう死刑執行の実務慣行を基準にすれば、たしかに判決確定後約一年後になされた宅間死刑囚の執行は異例に早いといえるだろう。しかし、法の定める死刑執行期限を基準にすれば、決して早過ぎるとはいえない。従来の死刑執行実務が余りにも法の定めから乖離《かいり》したところで行われてきたのであり、そのことの方が問題である。

実質的に考えても、死刑執行の日時が死刑囚に予告されない現在の取扱いによるならば、死刑判決確定後毎日が死への恐怖に苛《さいな》まれることになる。それは死そのものより、残酷だとすらいえる。そもそも、死刑囚以外の受刑者は、有期刑囚はもちろん、無期囚であっても、仮出獄制度があるから、前方に「社会復帰」＝「生」の明るい窓が開いているのに対し、死刑囚には仮出獄制度はもちろん死刑の執行猶予制度も執行停止制度もなく、死刑判決が確定した以上、死刑囚にとって自分の将来にあるのは、「刑場」＝「死」しかありえない。その死刑の執行を待つための拘置中は、生物学的な意味の〝生〟はあるかもしれないが、人間的な意味の〝生〟はない。生きるのでもなく死ぬのでもない状態―それが長くなったところで、余命が長引いたとして歓迎すべきことであろうか。

それにしても、宅間のケースが異例に早かったのは、死刑判決が下されたときこれを当然のこととして受け入れ、弁護人のなした控訴の申立てを自ら取り下げ、早期執行を積極的に求めることによって、将来も同判決に異を唱えない旨の態度を鮮明にしたからであろう。すなわち、執行障害となるものは何もなかったのであり、これに加え、被害者の遺族の強い処罰感情も早期執行の後押しをしたといってよいであろう。

なお、「執行の前に、被害者に謝罪させるべきであった」との声も聞かれた。法廷でも被害者らの神経を逆撫《さかな》でするような不規則発言をした宅間に対し、そのような思いになるのは無理からないと思われるが、死刑はこれ以上はない極刑であり、その執行を受けるということは、何ものにも代え難い自己の生命をもって罪を償ったことを意味するのであるから、それ以上を求めるべきではなかろう。妻子を殺された山口県光市の本村洋氏は「人を殺すような人間は簡単には更生できない。死刑という刑を突きつけられて、みずからの死に直面して、はじめて更生するものだと思います」と述べている。みずからの死に直面させられた者は、千万言の謝罪に優る償いをしたととらえるべきである。

死刑執行をめぐる論議

ところで、一部では、死刑制度の存廃論にからめて、死刑の執行それ自体を否定する議論が行われている。すなわち死刑廃止論者は「死刑制度は廃止すべきである。よって、確定した死刑判決も執行してはならない」と主張するのである。一見論理的であるようにみえるが、全くそうではない。前者は制度の存廃の問題であるのに対し、後者は確定した裁判の執行の問題であって、両者は全く次元を異にするからであり、明確に区別しなければならないのである。死刑廃止論に与《くみ》するにしても、「死刑制度は廃止すべきである。しかし確定した死刑判決は執行されなければならない」という議論の立て方をしても決して矛盾ではないのみならず、それが正しい態度なのである。

法の生命は「強制」にある。それが他の社会規範、とくに道徳との違いである。「強制を伴わない法は、燃えない火というような、それ自体矛盾を含むものである」（イェーリング）。民事であれ、刑事であれ、上訴を含めた法の定める一定の訴訟手続きを経て出された判決が確定すれば、それは執行されなければならないのであり、「執行されない裁判」を認めることは、裁判そのもの、ひいては法そのものを否定することにつながる。刑事についていえば、科料、拘留、罰金、禁錮、懲役、死刑という刑法の定めるいかなる刑であれ、判決が確定した以上、それは執行されるのが正義の要求するところであって、財産刑と自由刑は執行されてよいが、生命刑だけは「執行されることのない名目的判決」であってもよいというのは明らかに矛盾であり、法の本質に反する。

ともあれ、宅間のケースは死刑執行時期について異例ではなく、むしろ正常なそれに近づけたものといえる。今後の執行のよき先例になろう。少なくとも、法務大臣が個人的信条から執行命令を躊躇し、それによって執行が遅延するようなことがあってはならない。

5

証拠——死体なき殺人事件——

1　死体なき大量殺人事件発覚（二〇〇二年六月）
―皆殺し、死体解体、海中投棄―

大量殺人事件の発覚

一七歳の少女Yが門司の祖父母宅に再度にわたって助けを求めたことがきっかけとなって、戦慄すべき事件が次々に浮上した。ともに四〇歳で、実質夫婦である甲、乙が、居住していた小倉のマンションで、Yや三五歳の女性Mに電気ショックを加えたり、爪をはがさせたりして監禁したほか、同居していたYの父K及び乙の親族六名を次々に殺害し、遺体をバラバラにして、大鍋で煮立てたうえ、骨は海に投げ捨てたという、凄惨で猟奇的な大量殺人事件が発覚したのである。

まず、Mに対する犯行は次のようなものである。甲はかねてより狡猾な詐欺的商法を繰り返し、詐欺罪により福岡県柳川警察署から指名手配されていた。同犯行に加担させた乙と共に石川県方面に逃亡していたが、その後、福岡県内に舞い戻り、一九九四年一〇月、北九州市小倉北区内のK、Yのマンションに押しかけ、同人らと同居を開始した。詐欺師は化ける。一九九五年夏、甲らは、裕福な人妻Mに近づき、「自分は村上水軍当主の末裔《まつえい》で、京大卒。今は河合塾の講師をしており、将来は作家になる」と出まかせを言って結婚を申し込み、同女を夫と離婚させて、同女との生活資金名目で、翌一九九六年夏までに、三回にわたり合計三六〇万円を騙し取った。そして、同女と同居するようになるや態度を豹変させ、同女及び同女の連れ子（三歳）に、連日のように通電して電気ショックをするという拷問的な暴行を加え続け、翌一九九七年三月までの間に、七回にわたり合計一九九万円を強取した（二〇〇二年六月七日、詐欺・強盗で起訴）。生命の危険をも感じたMは、同月一六日未明、隙をみて二階窓から飛び降り、重傷を負った（二〇〇二年四月二五日、監禁致傷で起訴）。

次に、Kに対する犯行。Kは、ときにMに対する詐欺の片棒を担がされたが、甲らはKに対して劣悪な生活を強いた。いびきが大きいとして、風呂場において一メートル四方の木製の檻《おり》の中で起居させ、通電や殴る蹴るの暴行を日常的に加え、あるいは長時間起立させるなど虐待行為を繰り返して同人を衰弱させ、一九九六年二月二六日多臓器不全で死亡させた（二〇〇三年二月二三日、殺人で起訴）。

次に、Yに対する犯行。甲、乙は、Yが中学校卒業後私立高校に合格していたのに進学を認めず「一八歳になったら風俗嬢として働き、今まで育ててやった費用を返せ。」などと申し向け、通電したり殴打したりの暴行を加え、軟禁を続けた。これでは殺されてしまうと思ったYは、二〇〇二年一月三〇日未明、隙をみて抜け出し、門司の祖父母方に逃げ込んだ。これを探し出した甲は、祖父母宅に乗り込み「ミヤザキ」と名乗り、いきなり土下座して「所長（Yの父）は神戸で店を四、五軒持っている羽振りのいいヤクザです。所長から一八歳になるまでYの面倒をみてくれと頼まれています。どうか返して下さい。」と出まかせの嘘で祖父母を言いくるめた。Yはといえば、恐怖で身体を震わせ、ソファにしがみついていたが、結局、甲に連れ戻されてしまった。「なぜ逃げた」と、激しい虐待は連日続いた。「今度逃げても探偵を使って探し出す。見つけたら打ち殺す。」として、甲お得意の責め道具である通電を、繰り返したうえ、同女にナイフで指を切らせ、その血で「二度と逃げたりしません」と書かせ、しまいには、ペンチで足指の生爪をはがさせた。耐えかねたYは、二〇日後の三月六日、甲、乙の隙をみて再び逃げ出し、祖父母方に助けを求め、祖父はことの次第を警察に通報した（同年三月二九日、祖父母方から連れ戻し以後の犯行を監禁致傷として起訴）。

乙一族の殺害

次には、乙一族の登場である。甲と乙とが同棲するようになった後の詳しいいきさつは定かでないが、乙の父Tは家屋敷を担保にして作った三〇〇〇万円を甲に渡しており、同一九九七年の秋には、次の犠牲者となるTのほか、乙の母S、妹R、その夫Z、その長女A、長男Uの六人が身を寄せ合うようにして、甲、乙のマンションにたどり着くことになる。

同年一二月二一日朝、Aが寝小便をしたことで、甲が腹を立てた。「しつけが悪い」として、Tを正座させて折檻道具の金属クリップをTの唇に挟み、その先の電気コードをコンセントにつないだ。一〇〇ボルトの電圧が体を走り、病身であった六一歳の心臓はほどなく止まった（二〇〇二年一一月二日、殺人罪で起訴）。

年が明けた。夫の死後から一か月後の一九九八年一月二〇日、五八歳のSはひも様のもので絞め殺された。痴呆に近い状況にあり、夜中に奇声を発するようになったので、自分たちの逃亡生活が外にもれないようにするためだという（二〇〇二年一二月二七日、殺人罪で起訴）。二〇日後の二月一〇日、三三歳のRが電気コードで絞殺される（二〇〇二年三月一八日、殺人罪で起訴）。

二か月後の四月、Zが逝く。病死の可能性がある（不起訴）。

残るは、一〇歳のAと、五歳のUの二人の子供。五月一七日、Uが帯様のもので絞殺される（二〇〇三年二月一日、殺人罪で起訴）。六月七日、Aが長時間にわたる通電で息を引き取る（二〇〇三年二月一日、殺人罪で起訴）。

凄絶きわまりない一家皆殺し事件の現出である。

決め手となったYの供述

この事件の立証上の最大の特色であり、問題点であるのは、六件もの大量殺人事件でありながら、遺体が一体も発見されていないことである。

そもそも、被告人両名は逮捕直後は完全黙秘ないし全面否認を貫いた。自白がなく、死体もないのに、何故犯行が判明したかといえば、一七歳の少女Yのメモと供述があったからである。同女は自分が被害者となった監禁致傷事件についての体験事実はもちろん、父を含めた六名に対する殺人事件の目撃状況を詳細・具体的に供述した。

同女の供述によれば、六被害者を、通電殺又は電気コードないしひも（又は帯）様のものによる絞殺をした後、風呂場で、包丁などにより死体を切り刻んでバラバラにし、肉の部分は大鍋でドロドロにしたうえ下水に捨て、骨の部分は小分けにし、それを持って、竹田津港（大分県）から徳山港（山口県）に向かうフェリーに乗り、途中の周防灘に投げ捨てたというのである。この事実は死体損壊罪、同遺棄罪を構成する。もっとも、両罪とも時効が完成しているので起訴の対象にすることはできないが、殺人の事実を裏付けるうえで重要な事実である。この死体の始末については、Yは損壊・遺棄ともに手伝わされたと供述したので、警察は、同女を同一のフェリーに同乗させて、投棄した海域を特定したうえ、その海底を底引き網を使って、数回にわたり捜索したが、骨片らしき物を回収したものの、人骨と特定できるものは発見されなかった。また、死体を切り刻んだとされる風呂場を含め、殺人現場となったマンションを徹底捜索したが、最後の殺人からすでに五年の歳月が経過していて、風呂場のタイルはすでに張り替えており、血痕、肉片、毛髪等犯行に結びつく物証は発見されなかった。さらに電気コードは押収できたものの、それが犯行に用いられた物であるとの確定はできず、また、死体を切り刻むのに用いた包丁を捨てたとされる川を捜索した結果、包丁、鋸が押収できたものの、これまた犯行に用いられた物であるとの断定はできない状況にある。

殺人事件において、遺体は最重要証拠である。それは、当該死体が自殺や病死ではなく、他殺によるものであること自体を証明するものであるほか、死因、殺害手段、被告人との結びつき等を証明する貴重な物証であるからである。しかし、であるからといって、死体がなければ絶対に殺人を証明できないわけではない。戦後、死体なき殺人事件で起訴されたものは合計三〇件で、このうち二三件が有罪、無罪は一件（残り六件は公判係属中）にすぎない。これは遺体がなくとも立証できることを示しているが、その多くは自白があり、かつ死体以外の証拠がある場合である。

思うに、「精密司法」を旨とするわが国において、死体なき殺人事件で有罪となしうるのは、①自白、②共犯者供述、③目撃者供述のいずれかがある場合であろう。本件の場合は③がある。当初黙秘ないし否認していた乙がその後、一部供述を始めたようであるが、抽象的、断片的で具体的、全面的な自白とはいえないだけに、Yの目撃供述が重要であり、これが本件立証の主軸をなすものである。同女の目撃供述が信用できるか否かは本件の帰趨《きすう》を決する。甲は、「Yは虚言癖があり、自傷癖がある」と主張しているようであるが、捜査機関は、甲こそ虚言癖があり、Yの供述は、一七歳の少女の供述であっても、被告人両名の言動などを詳細・具体的に目撃、記憶し、信憑性が高いと判断し、全事件を同女の供述を軸にして組み立てた。

公判における争点

公判においても、同女の供述の信憑性が争点の中心になるであろうが、そのほかに、次の点が問題となろう。

Kに対する殺人事件について。訴因の後段における被告人両名の実行行為は作為犯として構成されているものの、前段のそれは不作為犯として構成されており、その限りで不真正不作為犯としての殺人の訴因であるような観を呈しているが、そうであれば、前段となる作為義務及びその発生根拠は何であるか、また後段の作為との関係がどうなるかが問題となろう。

Tに対する殺人事件について。Tは短時間の通電により死亡したもののようである。被告人両名は通電による虐待を何回も行っているが、それだけに、死に至る程度の通電とそれに至らない程度の通電とをわきまえていたと思われ、もし、後者の認識で犯行に及んだとすれば、殺意の成否が問題となろう。もっとも、その点の判断には、通電時間だけでなく、被害者の年齢・健康状態も考慮されるべきであるから、高齢で病弱のTに対しては、少なくとも未必の殺意があったといえよう。

全被害者に対する犯行について。犯行の動機が何であったかが問題となろう。殺人罪の立証上、動機が何かは必ずしも必要ではないが、いやしくも他人の生命を奪う犯行をするにはそれなりの動機があるはずであり、検察官としては、それを立証することが求められよう。二年余の間に六名もの者を相次いで殺害するというのは、とりわけ幼いU、Aまでも殺害するのは異例なことであるだけに、その動機・目的が明らかにされる必要があるのである。

本件は、余罪追起訴が相次いだため、公判は二〇〇二年七月までに二回開廷されたのみで中断し、全事実についての起訴処分が終えた後の二〇〇三年五月二一日公判審理が再開された。そこにおいて、被告人両名の認否が一致したのはTに対する殺人事件についてのみであり、両名とも殺意を否認し、傷害致死の限度で認め、残りの殺人五件については、被告人甲はこれをすべて否認し、被告人乙はこれをすべて認めるという対照的な認否をした。両名とも全面否認することが見込まれていただけに、予想を大きく覆す展開となった。死体なき殺人事件も、有罪方向に傾斜しだしたといってよいだろう。ともあれ、未曾有の大事件であるだけに、今後も注意深くその推移を見守りたい。

2　恐るべき全貌（二〇〇五年五月）

――自白・否認――

一つ屋根の下で起きたおぞましき事件

「死体なき殺人事件」

という表題のもと、

「一七歳の少女Yが祖父母に助けを求めたことがきっかけとなって、戦慄すべき事件が次々に浮上した」

との書き出しで、世にもおぞましい事件について記したのは5 1（一三八頁以下）であった。

被告人は内縁関係にあった甲男と乙女。事件の内容は、一九九六年二月から二年余の間に、九州は小倉のアパート内において、甲の指示により乙が、同居していたYの父Kおよび乙の親族五名（父T、母S、妹R、その長女A、その長男U）を次々に、通電をして電気ショックを与えたり、電気コードで頸を絞めたり、殴る・蹴るの暴行を加えたりしたほか、長時間起立やそんきょの姿勢をとらせ、食事を与えず、浴室に監禁するなどして殺害し、殺害後は生存している他の者にも手伝わせて、包丁や鋸で死体を切り刻んでバラバラにし、肉の部分は大鍋でドロドロにしたうえ下水に捨て、骨の部分は小分けにして、フェリーから海中に投棄した。

それ以外に、裕福な人妻Mに「自分は京大卒で、将来は作家になる」などと偽りを言って金を詐取し、同女が同居するようになるや態度を豹変。通電等の暴行を加え続けて金を強取し、生命の危険を感じた同女を二階から飛び降りさせて重傷を負わせ、またYに対しても通電を繰り返し、手指を切らせたり、足指の生爪を剥がせたりした。

「北九州監禁連続殺人事件」として広く社会の耳目を集めたこの事件を起訴の順序に従い、時系列で整理すると、次のようになる。

	犯行日時	被害者	罪名
1	一九九六・一・上旬ころ～二・二六ころ	K	殺人
2	一九九六・七・三〇ころ～九・二四ころ	M	詐欺（三回にわたり三六〇万円の詐取）
3	一九九七・一二・二九ころ～一九九八・三・一〇ころ	M	強盗（七回にわたり一九八万九〇〇〇円強取）

4	一九九七・一二・三〇ころ～一九九八・三・一六	M	監禁致傷
5	一九九八・一二・二一ころ	T	殺人
6	一九九九・一・二〇	S	殺人
7	一九九九・二・一〇	R	殺人
8	一九九九・四・八ころ～四・一三ころ	Z	殺人
9	一九九九・五・一七ころ	U	殺人
10	一九九九・六・七ころ	A	殺人
11	二〇〇三・二・一五～三・六	Y	監禁致傷

この起訴事実につき、福岡地裁小倉支部は原則週一回開廷という精力的な公判を重ね、七三回目の公判期日である三月二日、検察官の論告となった。

計画の下に進められた連続殺人

すべての事件が起訴されるまでは、かかる残忍・非道の犯行が行われた動機が必ずしも明確でなく、また、一つ屋根の必ずしも広くない居室に、複数の世帯が住みつき、順次殺害されていき、その過程では、近い将来殺害される運命にある者までが死体の解体・始末を手伝わされるという異常なことがどうして行われたのか明確になっていなかったが、検察官の立証、詳細で説得力に富む論告によってその点が浮き彫りになった。

すなわち、本件一連の犯行は、前表の罪名のみを一瞥すれば、相互の関連性が乏しいようにみえるが、実はそうではない。被告人両名が、被害者らを監禁状態におき、虐待と食事制限等の厳しい生活制限を加えて意のまま支配しつつ、金銭面の搾取を繰り返し、被害者らの金づる的利用価値が喪失するや、口封じのために被害者を殺害するだけでなく、その死体を解体して遺棄するにつき徹底的な証拠隠滅工作を行う、完全犯罪を狙ってという基本構造において共通している事案なのである。この観点からは、事前に殺害される危険を察知したがゆえに、重傷を負うことを知りつつあえて脱出をはかって二階から飛び降りて辛くも生存しているMに対しても、被告人両名が同様の手口で犯行に及んだということがいえるし、またYについての事件は、他の事件と若干趣を異にするものの、同女は、一連の殺人事件の目撃者であるがゆえに、同女に虐待を加えつつ被告人両名の支配下におかれ続けていたという点において、同女もまた、他の一連の事件と同根である。Yが祖父母に助けを求めたことにより本件が発覚したが、もしそれがなければ、Yも、そして乙でさえも抹殺される可能性を秘めていたといえる事件なのである。

とりわけ、乙一家連続皆殺し事件は、その場ごとの突発的な犯意によって場当たり的に遂行されたものでなく、当初から一定の計画の下に進められたものであるとする論告の主張は説得力に富む。Kを殺害した際には、当時一一歳のYしか残らず、事後の罪証隠滅工作は比較的容易であったのに対し、乙一家の場合は六名全員を一挙に殺害・解体することは困難であるうえ、順次殺害するとしても乙一家による抵抗が予測されたので、甲はこれを防ぎながら殺害計画を遂行するための策を講じた。すなわち甲はTの殺害の実行をあえて乙に行わせて、長女が家長を殺害したという負い目を乙一家の者に負わせるとともに、Tの死体解体を乙一家に行わせることによって、さらなる犯罪者意識を持たせ、犯行の発覚の防止をはかったのである。そこには、自己の手を汚すことを極度に嫌う甲と、他者を自己の意のままに使役するカルト的存在の甲とが、また、狡猾な甲と凶暴な甲とが二重人格的に存在するのである。

物証なき殺人事件の立証

さて、本件を立証の面からみると、まず、殺人以外の事件（表2〜4、11）については生存している被害者M、Yの迫真的な供述によって証明十分である。問題は、殺人事件（表1、5〜10）についてであるが、殺人事件において被害者の遺体とその解剖結果は、死因、殺害手段を確定するため証拠として最も重要である。本件は七件もの大量殺人事件であるのに遺体が一体も発見されていない。のみならず、殺人に用いた電気コード、死体解体に用いた包丁、鋸なども、また殺人現場から血痕、肉片、毛髪等犯行と結びつく物証も発見されていない。

七件もの殺人事件において、死体のほか物証がこれほどまで乏しいのも珍しいが、それでも有罪になしうるとすれば、信憑性の高い

① 自白
② 共犯者供述
③ 目撃供述

のいずれかがある場合である（本件においては、乙（①、②）およびY（③）の尋問に公判期日の多くが費やされた）。

甲は当初から全面否認するという態度で一貫しているが、乙は当初一部否認したものの、公判段階では、K（表1）およびT（表5）を被害者とする殺人については傷害致死の限度で認め、他の五人に対する殺人はこれを認めた。

乙の殺意の認定

そこで、乙についていえば、五件の殺人については①と③（Yの供述）があり、その③は十

分に①の補強証拠たりうるので証明十分といえよう。問題は、KおよびTを被害者とする殺人事件につき殺意を認定しうる証拠があるかという点である。検察官は、まずK殺害につき、被告人両名はK殺害の強固な動機があったこと、殺害の手段として絞殺等の積極的な態様をとらなかったことに合理的な理由があること、殺害の実行行為自体から殺意が明らかであること、K死亡後間もなく死体解体・処分に着手していること、甲がKに人工呼吸したという甲・乙の弁解は虚偽であるか、殺意否認のための演技であること等を、T殺害については、やはりT殺害の動機があったこと、脳幹部に近い上・下唇か心臓部に近い両乳首に通電クリップをして通電するという犯行態様それ自体から殺意が推認されること、殺害当日から死体の解体作業に着手したこと等をそれぞれ理由にして殺意の存在を強調した。以上のうち、Kの殺人事件の訴因は不真正不作為犯的に構成されているだけに裁判所の判断が注目される。

全面否認の甲

次に、甲については、全面否認であるものの、甲の指示に従って実行した旨の共犯者乙および目撃者Yの供述があるので、共謀共同正犯として刑責を負うことになるのはまず間違いない。なお、憲法上、自白があっても、自白が唯一の証拠であるときは、有罪とされないことになっているが、本件において、もし甲が否認し、乙が自白し、それ以外に証拠がなければ、自白している乙は補強証拠がないから無罪、否認している甲は乙の自白があるから有罪という妙な結果になる。しかし本件においては、Yの目撃供述があるから、甲・乙とも有罪とすることに問題はない。

仮に両名とも起訴事実どおり有罪となれば、量刑はどうか。首謀者の甲は当然に極刑である。甲の指示に従って実行行為をした乙は若干情状酌量の余地があるようにみえるが、甲に対して全く抵抗できなかったわけではなく、本件が二人三脚による犯行であることを思えば、被害者の数、結果の重大性などからして、やはり極刑は免れないというべきであろう。論告法廷で「小倉は人の生命《いのち》が軽い」とつぶやいた人がいたが、地球より重い人の生命を軽んずることは絶対あってはならない。

3　一審判決（死刑）下さる（二〇〇五年一一月）
―自白者・否認者ともに死刑―

注目を集めた量刑

同居していた被害者七人を通電・絞頸などの方法で、次々に殺害し、死体を切り刻んでトイレや海中に投棄したほか、二人の女性に執拗な暴行・脅迫を加えて監禁してあり金全部をまき上げるという残忍で凄惨《せいさん》きわまりない北九州連続監禁殺人事件につき、二〇〇五年九月二八日、判決が言い渡された。被告人甲男・乙女ともに死刑。

七件もの大量殺人事件であるのに遺体が一体も発見されず、物証がほとんどないうえ、甲が全面否認したため立証が危ぶまれたが、捜査の途中で否認から自白に転じた乙の供述が具体的で迫真力に満ちていたので、殺人事件のうち一件が殺意の証明不十分として傷害致死に落ちた以外はすべて起訴事実どおり有罪とされた。

この事件では、事実認定以上に量刑に関心が寄せられた。鬼畜に等しい、首謀者である甲は極刑が当然であるが、問題は乙の量刑である。乙は甲の指示に従って各犯行を実行したものであり、また、乙の自白が甲・乙の有罪認定の要となった。このように、従属的で犯行を自白した者の量刑は、主導的で犯行を否認した者のそれとの対比において、どのように判断すべきか。

「従属的」な乙の犯罪意思

まず、一般に、当該被告人の犯行関与の態様を、主導的か従属的かに区分けし、前者は重く後者は軽くするという量刑判断がなされがちである。現に、本件についても、甲は死刑だが乙は無期刑になると憶測する人が少なからずいた。しかし、犯行を共謀して実行行為を分担する典型的な共同正犯の場合はもちろん、本件のように、一方が指示し他方が実行するという態様をとる場合も、「指示」があっても「実行」がなければ「犯罪」がないのであるから、一方が他方の「道具」に過ぎない間接正犯形態の場合や、軍隊における上官と部下の関係のように一方が他方の絶対服従の関係にある場合でないかぎり、両者は原則として同等の刑事責任を負担するものとして取り扱うべきである。本判決は基本的にこのような考え方に立ち、乙は甲によって自由意思を抑圧され、自己の意思に反して心ならずも各犯行に加担したものではなく、甲の指示を受けつつも、同人の意図に同調し、それなりに主体的・積極的に犯行に加担したと認めた。すなわち、本件の犯罪主体は甲一人であって乙は甲の犯罪を手伝っただけ――というのではなく、乙は自己の犯罪を遂行する意思で実行行為に及んだと見たのである。

自白は量刑に差を生むか

次に、自白をした者と否認した者とを区分けし、前者は軽く後者は重くするという量刑判断の当否である。わが国では「過《あやま》ちては則《すなわ》ち改むるに憚《はばか》ること勿《なか》れ」の倫理規範が刑事司法の分野にも過度に浸透し、犯行後の「謝罪」が刑事処分の帰趨《きすう》や刑の量定決定に大きな影響を与えがちである。かの「オウム地下鉄サリン事件」において、その実行犯五名中四名は死刑に処せられたのに、林郁夫だけは無期刑になった。同判決をして「被告人の行った犯罪自体に着目するならば、極刑以外の結論はあろうはずがない」と言わしめながら、共犯者の氏名等を含めて自白をし真相の解明に貢献したという理由がかかる量刑を生んだ。しかし、どんな凶悪犯罪を犯しても、事後に「ごめんなさい」と言いさえすれば量刑に差が出るというのは、〝罪刑均衡〟の科刑の大原則はどこかへすっ飛んでしまう。しかもさようなリップサービスは容易にできるだけに、こ聡《ざと》くて表現能力に長《た》けている者は、心底が何であれ〝改悛の情〟を披瀝《ひれき》して有利な量刑を得ることができ、それが不得手な者との間で不公平な結果を招来してしまう。さらに自白の有無によって刑の軽重が決せられるとすれば、憲法の保障する黙秘権を間接的に侵害することになりかねないし、捜査への協力や事案解明への貢献を重視することは司法取引を肯定することに結びつきかねない。

本件において、乙の自白がなければ事件の大半が立証できなかったことを思えば、乙の自白の真相解明に向けての貢献度はオウムの林受刑者を超えるものがあるが、本判決は、「それらの情状を最大限考慮しても犯情は誠に重大で酌量すべき余地なし」として、乙にも極刑を科した。かくして、本判決は、共謀共同正犯における実行行為者の刑責を過小評価せず、かつ犯行後の情状を過大評価しないで、誠に適正な量刑判断をした。高く評価したい。

それはそうとして、乙のような立場にある者が甲のような立場にある者と全く同じ刑というのは違和感が残るのもまたその通りである。死刑に軽重をつけるわけにはいかないが、無期刑については、仮釈放の伴う相対的終身刑とそれの伴わない絶対的終身刑というように、軽重二種の無期刑の新設を検討すべきではあるまいか。

6

テロ―世界各国における〝戦い〟―

1　米の同時多発テロ（二〇〇一年一〇月）

―史上最大・最悪の悲劇―

世界を震撼させた史上最悪のテロ

二〇〇一年九月一一日火曜日朝、世界経済の中心・ニューヨーク。抜けるような青空の下、櫛比《しっぴ》する摩天楼の中でも、一一〇階、高さ四二〇メートルの超高層ビル―「世界貿易センター」二棟は、ひときわ高く、威容を誇るように屹立している。ここで信じ難い事態が発生した。

午前八時四五分、飛来してきた大型機が同センタービルの北タワーの東側の六〇～八〇階部分に突っ込み、次いで、一八分後の九時三分、別の大型機が南のハドソン川方向から飛来して、いったん同センタービルの北側を通りすぎて東に抜け、ここから回り込むように戻って、南タワーの南側に突っ込んだ。激突部分から炎と煙が噴き出し、一〇時五分、まず南タワーが大音響を立てて崩落し、次いで一〇時二八分、北タワーが崩落。さらに、九時二五分ころ、ワシントン郊外の国防総省（ペンタゴン）の西側の一辺中央部にも、他の大型機が突っ込み炎上し、また、ペンシルベニア州ピッツバーグ近郊では、別の機が墜落、炎上した。米国の経済・政治・軍事の中枢部が直撃された同時多発テロの発生である。

しかも、四機はいずれも民間航空機で、ハイジャックされたものであった。

すなわち、その四機は、

① アメリカン航空一一便、乗客・乗員九二人、ボストン空港発ロサンゼルス行
② ユナイテッド航空一七五便、乗客・乗員六五人、ボストン空港発ロサンゼルス行
③ アメリカン航空七七便、乗客・乗員六四人、ダレス空港発ロサンゼルス行
④ ユナイテッド航空九三便、乗客・乗員四五人、ニューアーク空港発サンフランシスコ行

で、いずれも東海岸から西海岸に向けて飛行中、テロリストに乗っ取られ、①、②が世界貿易センターの北、南の各タワーに、③がペンタゴンにそれぞれ突っ込んで、アメリカを象徴するこれらの建物を崩壊させるとともに、数千名を死亡させ、史上最大、最悪の悲劇となったのである（④はハイジャッカーと乗客・乗員とが争っているうち墜落したと推定されている。）。

「自爆」「道連れ」にみる新規性と徹底性

テロ行為の方法としてハイジャックは多用されるが、それはクアラルンプール事件（一九七五年）やダッカ事件（一九七七年）のように、乗っ取った航空機の乗客や乗員を人質にとり、

乗っ取り機が所属する国の政府に対し、その人質との交換を条件に、拘束されている仲間の釈放や身代金を要求するというものである。そこには、人質の生命を奪うという冷酷さはあっても、犯人自身の生命を犠牲にするというもくろみは入っていない。ところが、今回の米中枢同時テロにあっては、犯人自身が乗客・乗員を道連れにして自爆することによって目的を遂げようとしたもので、そこにテロ行為としての新規性と目的完遂に向けた徹底性がある。

もっとも、航空機を操縦してターゲットに突っ込むという戦闘方法は、第二次世界大戦における日本軍の「カミカゼ特攻隊」の先例がある。テロリストたちは、特攻隊の手法を取り入れたのであろう。しかし、そこまでさかのぼらなくても、もっと手近なところにもモデルがあった。それは、アメリカの軍事ミステリー作家、トム・クランシーが一九九六年に発表した小説「合衆国崩壊」であり、その中で、日米間の限定戦争で兄と息子を失った日本人パイロットが、無人のジャンボ機を操縦し、政府要人が集まっているワシントンの国会議事堂に突入し、その中にいた人を全員死亡させたというものである。もし、この小説が今回の米中枢同時テロのモデルになったとすれば、アメリカの作家がテロリストに知恵を授け、それを実行させ、自国に壊滅的打撃を与えてしまったことになる。

しかし、今回のハイジャックが、特攻隊とも合衆国崩壊とも違うのは、乗客・乗員が乗っている民間航空機を乗っ取り、これを建物に激突させたという点である。激突された建物の崩壊、人命の喪失という被害も大きいが、自爆の道連れにされた民間機の乗客・乗員の無念の思いは計り知れない。

犯行の手段、被害の規模において差異はあるが、同じ信条・目的をもつグループに属する者が、綿密な謀議と準備のもと役割を分担し、無差別殺戮行為に及び、一国の中枢部を大混乱に陥れさせたという点では、「東京地下鉄サリン事件」に酷似している。犯人たちは、数年がかりで計画を立て、ハイジャック訓練を受け、国際線に比べ警備が手薄で、かつ乗客・乗員はアメリカ人が多い国内線に照準を絞り、従来の金属探知機では検知できない新素材の凶器を持ち込み、機長を殺害して自ら操縦して凶行に及んだとみられているが、狙った建物に、これ以上はないほどの正確さで突入するなど、目的達成度はほとんど一〇〇パーセントである。

「戦争」ではない、「犯罪」であるテロの根絶

アメリカは、「テロ攻撃はビルの土台を揺るがしはしたが、アメリカの根幹に指を触れることはできない」として、テロリズムの根源を断つため、直ちに同盟諸国と連携し、「不屈の自由作戦」の名のもとに、大規模な報復に出ようとしている。報復は報復を呼び、果てしない暴力の応酬になり、罪のない人を痛めつけるだけで根本的な解決にならないと批判する向きもある。しかし、アメリカがやろうとしているのは、想像を絶する非人道の所為に対するやむにやまれ

ぬ正義感の迸《ほとばし》りによる反撃である。これをも許されないとすれば、正義の神が泣く。皮相な人道主義や平和主義は、隣人の痛みを対岸の火事視し、自分に災いが及ばないかぎり奇麗事で済ます体裁屋の議論である。犠牲者の中には多くの日本人もいる。日本も、単にアメリカに協力するというのではなく、自分の問題として、主体的に対処する必要があろう。

ではあるが、今回の事態を「戦争」ととり違えてはならない。マス・メディアの上では、「米本土攻撃」、「二一世紀の新たな戦争」、「アメリカ対イスラム教徒の戦争」などという言葉が飛び交っている。被害者を「約六〇〇〇名」とひとくくりにしていうのも戦争状態視すればこそである。なるほど、特攻隊方式で他国の標的を攻撃し、戦争被害に匹敵する大打撃を与えた点を見ると、犯人の行った仕業は戦争的である。しかし、今回の事態は、国家対国家の武力紛争でもなければ宗教対宗教の対立抗争でもないのである。テロ攻撃は犯行の手段が自爆という特異なものであっても、被害がどんなに甚大であっても戦争ではなく、「犯罪」である。

戦争なら、敵国国民が非戦闘員であっても、敵国人として攻撃の的になり得る。しかし、犯罪である場合は、犯人のみを検挙し処罰し得るのであって、犯人以外の者は、それが宗教的、国籍的にどんなに犯人に近くても、これを攻撃の対象にすることは許されない。これを認めれば、根拠のない連帯責任を課し、正義の名のもとに不正義を許容することになる。

本件テロにおいては、実行犯はすべて自爆してしまったが、あれだけ大規模な犯行を企画、実行するには、かなり多数の者による、長年月にわたる謀議、準備があってのことに違いないから、それに関与した者を共謀共同正犯として検挙し、法の裁きを受けせしめるべきである。とりわけ、アフガニスタンの大半を実効支配するイスラム原理主義勢力のタリバンの保護下にあるアルカイダの首領であるウサマ・ビンラディンが、取り沙汰されているように、本件テロの首謀者・指揮者であるとすれば、その立場は、オウム事件における教祖・麻原彰晃こと松本智津夫の立場と同じであるから、これを検挙し、制裁を受けせしめ、徹底的に糾弾しなければならない。その派生的効果として、テロリズムの根絶を期すのではあるが、罪のない人を道連れにしてはならないのである。米ブッシュ政権が、今、同盟国はもちろん、穏健なイスラム国ですら取り込んで、共同戦線を組み、特殊部隊を含めた陸・海・空の三軍をアフガニスタン周辺に展開したのは、ビンラディンらに包囲網を張り、犯人らの逃げ場を失わせようという戦術であり、テロ行為と無関係の人は一人たりとも傷つける意図はないものと信じたい。普段はバラバラなアメリカ国民が、本件テロの襲撃後、国を挙げて報復のムードを盛り上げているが、そういう中であっても、少数のテロリストを叩くために多数の無辜《むこ》の人を巻きぞえにしてはならないという良識が強調されるべきなのである。

2　テロとの戦い（二〇〇五年八月）
―英同時テロ―

イギリス中心部を襲った同時爆破テロ

二〇〇五年七月七日、イギリスはロンドンの中心部で同時爆破テロが発生した。地下鉄車両内や構内で三か所、二階建てバス一台が爆破されたが、朝のラッシュ時と重なり、五五名が死亡（七月一七日現在）、数百名が負傷するという大惨事となり、なお死者が増えるものと見込まれている。前日には二〇一二年のオリンピック開催地がロンドンに決まったばかり、当日はイギリス北部・グレンイーグルズで、サミットが開催中というタイミングでの事件である。同日、国際テロ組織「アルカーイダ」の関連組織を名乗るグループが犯行声明を出し、ブレア英首相も同時爆破テロと断定した。

二〇〇一年九月のニューヨーク等における米・同時多発テロ事件以来、アメリカと歩調を合わせテロとの戦いに取り組むイギリスは、以前からアルカーイダなどのテロの標的になっていたといわれる。警戒に怠りはなかったであろうが、今回のテロを未然に防げなかったのは残念なことである。

しかし、イギリスの警察は発生から一週間足らずで、実行犯人四名を特定した。四件とも自爆事件で、犯人は爆死しているから、四名のいずれからも犯行に至る経緯を聞くことはできないが、アメリカの同時多発テロについては、発生後四年経過しても事件の全貌が判明していないのに比べれば、このような短期間に犯人を特定し、犯行直前の四名の写真を公表するまでの捜査がなされたのは推賞に価する。今後の捜査の焦点は、主謀者や実行犯の支援グループの割り出しに移っているが、実行犯の中に複数のパキスタン系イギリス人がいることから、イギリスはパキスタン治安当局と連携しており、同治安当局は同月一六日までに、すでに、実行犯と接触していた疑いがあるものとして、アルカーイダに関係するイスラム過激派組織のメンバーら六名を拘束したと伝えられている。

テロと闘う警察

イギリス警察の捜査がこれだけ急ピッチで進み、犯人特定に成果を挙げたのは、イギリス国民が「テロには負けない」という決意のもと、テロと闘う警察に全面的に協力し、警察が動きやすくするための手段を与えたからであろう。その一は無数の監視カメラの設置である。監視カメラの設置はプライバシーの侵害が伴うが、イギリス国民はプライバシーを多少犠牲にしても、テロとの戦いの方を優先させたのであろう。また、五年前に、かなり強引な内容の反テロ法を成立させたのも国民の意思であった。犯人のアジトらしい建物を無令状で捜索できたのは反テロ法があったからであった。

本件発生直後、イギリス政府は、さらに強力な新反テロ法案を策定しようとしている。新法は「テロに直接かかわることだけでなく、他人をテロに加担させることも取り締まるもの」としており（クラーク英内相）、具体的には、

①「テロ予備軍」の撲滅に向け、テロを直接扇動することを禁止するだけでなく、聖職者が自爆テロ犯を「殉教者」とたたえる説教を行うなど、間接的に扇動することも禁止する

②パキスタンやアフガニスタンなどの国際テロ組織の軍事キャンプなどで、訓練を受けることも禁止する

などとしている。

日本のテロ対策

これに対して、日本の対テロ対策はどうか。アメリカ、スペイン、イギリスに次いで狙われるのは、ヨーロッパではイタリア、アジアでは日本ではないかといわれている。わが国では将

来だけの問題ではない。すでに、北朝鮮による拉致事件、オウムによるサリン事件など何度もテロに遭遇している。それなのに、対策はその場しのぎで、反テロ法もできていなければ、テロ集団と認められる組織のメンバーであるというだけで身柄が拘束できるイタリアの「組織犯罪取締法」のような法律もない。

のみならず、既存の法律による規制ですら消極的であった。かの「オウム」。これは正常な宗教団体を装いつつ、その実は秩序や体制に対する破壊本能、破壊願望を持つ宗教的テロリスト集団であったのに、そして破壊活動防止法による「団体解散指定」の措置をとればこの教団の息の根を止めることができたのに、同教団が過去に破壊活動をしたとしても、将来それを行う危険性があるとの証明がないとして、同措置がとられなかった（一九九七年一月）。このことは、日本はオウムを解散させる法が存在するのにこれを適用せず、最も危険なテロリスト集団の存続を消極的に認めたことになり、国際的には、その瞬間に、「日本はテロ容認国」として映った。当時、破防法をかつての治安維持法と重ね合わせ、「破防法は法律の核爆弾であり、劇薬である。〝伝家の宝刀〟といっても、いったん抜けば二度、三度と抜きたくなる」と酷評する人がいたが、当時（そして現在でも）、オウムが解散指定されたために、それが拡大適用されて規制対象になるような団体は存在しなかった。むしろ、逆に「あのオウムにさえ適用できなかった破防法」という先例が作られたことによって、将来出てくる可能性のある内外のテロリスト集団に存在根拠を与えることが危惧されるのである。その後、オウムは、一九九九年に制定された「無差別大量殺人を行った団体の規制に関する法律」によって、「観察処分」の対象とされているが、右の危惧は消滅していない。

今や、われわれは、「オウムに限らず、すべてのテロを許さない」との断固たる態度をとらなければならない。その具体策としては、まず、イギリスを初めヨーロッパ各国が採っているような、テロの謀議、準備段階も含めてこれを法的規制下におく反テロ法を制定し、治安当局にテロリスト取締りのための強力な法的武器を与えることであろう。

3 ダッカ・ハイジャック事件（二〇〇四年二月）

—超法規論—

「治安」と「国防」を脅かすテロ

国家の任務として最も重要なのは、対内的には「治安」であり、対外的には「国防」である。かつての日本は、警察の優れた捜査力により世界一治安が保たれており、アメリカの庇護の下にあって防衛面でも安心できる状態が続いた。ところが、最近になって、来日外国人犯罪・少年犯罪の増加・悪質化、警察力の低下等により、国内の安全神話は音をたてて崩れ出し、また、北朝鮮の拉致事件・不審船事件等の発生により、自国の防衛につきよその国を頼ってばかりいられないという心配が生まれ出した。

そこで、国内治安の問題でもあり、国家防衛の問題でもある「テロ」に対し、いかなる対策をとるべきかが現下の最大の課題になっている。テロといえば、二〇〇一年九月一一日、アメリカの国内便四機がハイジャックされ、ニューヨーク世界貿易センターのツインタワー等に激突、同建物を崩壊させると共に、六〇〇〇人余を死亡させたという同時多発テロが記憶に新しい。わが国でも、テロは、前記の拉致事件、オウムの松本・東京サリン事件等さまざまな形態で発生したが、ハイジャック方式を使ったテロ行為として、「ダッカ事件」がある。

「生命絶対主義」「人命最優先」の日本政府

一九七〇年代は、日本赤軍が国内のみならず、世界を股にかけて暴れ回った。その一つである「ダッカ事件」は無念の思いなくしては語れないが、その前哨戦ともいうべき事件が一九七五年の「クアラルンプール事件」である。同年八月四日、日本赤軍の五人が武装して、クアラルンプール（マレーシア）にあるビル内のアメリカ大使館・スウェーデン大使館を襲撃し、アメリカ領事・スウェーデン臨時大使ら五〇名を人質にとって、日本で勾留または服役中の日本赤軍七名の釈放を要求した。日本政府は、人質の安全のためにはやむなしとして、出国を拒否した五名を釈放して犯人らに引き渡した。

この五名を釈放するに当たっては、政府がそのいっさいの措置を講じ、司法部はいずれの裁判所もなんら関与させられなかった。そして、政府は、この措置を「超法規的措置」であり、「人質の生命を守るための行政権による緊急避難的性格の措置」であると釈明した。そこにあるのは、「生命絶対主義」の思考・行動であった。そして、犯人のいいなりになった政府の対応については、識者から、「あらたに五匹のトラを野に放したのと同じである。今後それらが世界中に事件をまきちらすであろう。そして、その五匹の釈放・引渡し措置は将来高い勘定書になって回ってくるであろう」と予言され、同種事件の早急かつ確実な対策樹立の必要が叫ばれた。

しかし、「のどもと過ぎれば…」のたとえのとおり、具体策が講ぜられないまま、二年が経過し、先の予言が実現されてしまった。一九七七年の「ダッカ事件」の発生である。パリ発東京行きの、乗客一四二名、乗組員一四名を乗せたJAL四七二便（DC8）が、同年九月二八日ボンベイ（インド）をたって間もなく、武装した日本赤軍のコマンド部隊五名が操縦席に爆薬を仕掛けて同機を乗っ取り、ダッカ空港（バングラデシュ）に強行着陸し、日本政府に対し、①勾留・服役中の赤軍同志九名を釈放せよ、②乗客等の身の代金六〇〇万ドル（当時一六億二千万円）を支払えと要求し、これに応じなければ、人質を順次〝処刑〟すると通告した。この要求に対し、わが政府は、またしても〝人命最優先〟主義をとった。一〇月一日、釈放を求められた〝同志〟九名のうち出国を同意した六名と身の代金六〇〇万ドル全額を引き渡したのである。これに対し、ハイジャッカー側は人質の一部を解放したものの、その余を機内に残してダッカを離陸、クウェート（クウェート）、ダマスカス（シリア）に転々と強行着陸し、そのつど、人質をさみだれ式に解放し、最後に、アルジェ（アルジェリア）で最後の一九名を解放し、自分達は、いずれか闇の中へ消え去った。

クアラルンプール事件とダッカ事件は、その手口は似ているが、後者は、仲間の釈放要求のほか、身の代金の要求もし、この要求のすべてをのませながら、政府側の、人質の全員解放、政府関係者の身代わり要求をはねつけ、アジアから中東各地を転進し、寄港地ごとに部分解放して給油を受けながら、人質を最後まで解放せず、結局、目的を完全にやり遂げたのである。その目的の大きさ、それに向けての準備の綿密・周到さ、作戦の着実さの点においては、前者よりも、テロリストとしてそのプロ性に磨きがかかったものといえる。

これに対し、政府側は、「政治家の身代わり提供で人質の全員解放」という「よど号事件」(一九七〇年)以来の情緒的・人情的方法でことを解決しようとしたが、身代わり申し出はすげなく断られたうえ、直接交渉の要求すら一蹴されてしまい、ほとんどなすべき術《すべ》を知らなかったというありさまだった。

法治国家における「超実定法的措置」

ダッカ事件における勾留・受刑中の犯人の釈放・引渡しの法理的根拠は、基本的には、クアラルンプール事件の際のそれと同じであり、裁判所は全く関与せず、内閣の責任において実行された。ただ、内閣官房長官は、政府がとった措置につき、「超法規的措置ではなく、超実定法的措置である」と釈明した。同長官によると、「超法規措置」とは、ある目的のため権力者が法の目的・精神を踏み越えてとる措置、すなわちすべての法律的概念を超越した法の枠外にある政治的措置をいい、他方、「超実定法的措置」とは、現在明文化された法律には定められていないが、条理を含めた法律の精神から生まれてくるもの、すなわち法的精神には合致した措置をいうとされ、ダッカ事件における措置は後者に属し、人命尊重のため、刑法三七条の緊急避難の精神によりとられた措置であるというのである。

この釈明によると、「超法規的措置」と「超実定法的措置」とは対立概念で、前者は違法、後者は適法というように対置して受け取られかねない。そうすると、クアラルンプール事件において、「超法規的措置」として説明された措置は違法であったことになってしまう。しかし、事件の発生場所が、一方が在外公館、一方が航空機というだけで、法理論根拠を異にするものではない。政府としては、法治国家主義をとるわが国において、すべての法律概念を超越することを内容とする超法規的措置を安易に認めることは妥当ではないとして、クアラルンプール事件についての見解を改めることを含めて、すなわち、クアラルンプール事件、ダッカ事件ともに、法の精神の枠内にある超実定法的措置であるという見解に統一したのであろう。

ともあれ、乗っ取り犯人は、「人」、「金」ともに、全面勝利を遂げて、わが法の及ばざるところへ姿を消した。犯人の要求をのんだのは、皮肉にも、わが国の「法の日」であった。法の日に、法治国家が無法の前に完全に屈服したのである。

ハイジャックに伴う身の代金としては史上最高といわれる巨額の身の代金の引渡しもさることながら、殺人・強盗等の凶悪犯罪を犯し、法の定めるところに従って、裁判・刑の執行のため身柄を拘束されている者をなんらの法的ルールによらずして釈放し、航空機の乗っ取りという別の大罪を犯した者に引き渡すということについては、それを検挙し、公判に付し、監獄へ送り込むにあたって、血の滲むような努力を重ね、生命まで犠牲にしてきた治安当局にとって、まさに切歯扼腕《せっしやくわん》、断腸の思いであった。かようなことは法治国家にありうべからざることであるが、ハイジャッカーのごときアウトローの前にあっては、法の無力を嘆ぜざるを得ない。それにしても、厳格な法の手続によって身柄を拘束されていた者が、ある日突如、何の法的手続によらずに法の規制から外されてしまうのは、やりきれないことである。前述したように、クアラルンプール事件の際、識者が「あらたに五匹のトラを野に放したのと同じだ」と指摘したが、ダッカ事件における五人の乗っ取り犯人の中の少なくとも二人はクアラルンプール事件の釈放犯人であった。まさに前回の危惧が現実のものとなったのだ。ダッカ事件では、犯人の仲間の釈放に加えて、ハイジャックに伴う身の代金としては史上最高といわれる巨額の金をも与えてしまった。これらは、次のテロ資金となり、日本国外に活躍舞台を持った無法者らの力を養い、拡大再生産に導き、犯行をエスカレートさせることにつながった。

法を血で守り通した西独政府

ダッカ事件からわずか二週間後、西独赤軍派四名がルフトハンザ機を乗っ取り、ドバイ空港（アラブ首長国連邦）に至り、西独・トルコに服役中の政治犯一三名の釈放と一五〇〇万ドルの身の代金を要求した。要求に応じなければ、乗客・乗員全員のほか、地上で誘拐・監禁中のシュライヤー西独経営者連盟会長をも処刑すると脅迫した。これに対応するに、西独政府は、犯人らが、アデン（南イエメン）、モガジシン（ソマリア）と転進しながら再三にわたってする最後通告にも応ぜず、そして遂に実行された機長の〝処刑〟にもめげず、ハイジャック五日目早朝、特殊部隊が乗っ取り機に突入、犯人を射殺して人質全員を救出した。激怒した赤軍派はシュライヤー氏をも処刑した。人命に対する脅威にさらされながら、最後まで犯人側に屈服しなかった西独政府の措置はわが政府のそれときわめて対照的である。法を血で守り通した彼らとは、頭ではなく、体質的な差があることを感ぜざるを得ない。

法の自滅につながる安易な超法規論

イラクでは戦争状態が終結して八か月も経過したのに、なお米軍およびそれに協力する国に対するテロ活動が相次いでいる。イラク特措法により、人道・復興支援のため、わが自衛隊もイラクに派遣しようとしているが、自衛隊や隣接するオランダ軍がテロに襲撃された場合の武器の使用基準などについて、大きな議論が起きている。この点につき、石原慎太郎氏（東京都知事）は、「イラク派遣に関しては超法規的にやってよい」と強調しておられる（「国難は、憲法を超える」（佐々淳行氏との対談）諸君二〇〇四年二月号三〇頁）。テロは事前に予想することが困難であり、生命・身体に対する無差別で残虐な加害行為として行われるものであるから、そういう事態に対応できる法整備がなされていないかぎり、法万能主義的な考え方では現実の事態に対応できないことになろう。石原説には、その意味では、感覚的には同調できる余地がある。しかし、一方で〝超法規論〟を安易に振りかざすと、法治国家が泣く。テロリストのような暴力主義を旨とする無法者に対しては超法規的に振舞えばよいというものであってはならない。無法に対して無法で対応するのではなく、無法に対しても、法の定めるルールの下で対応してこそ、法治国家の存在価値と矜持《きょうじ》があるというべきである。ダッカ事件とドバイ事件を比較したとき、人質の生命第一主義の理念により犯人の要求を丸のみした日本政府の対応よりも、人質の生命に危険が及ぶ可能性を含みつつも断固犯人の要求に応じなかった西ドイツの対応の方が爽快感がある。しかし、西ドイツには特殊部隊が機内に突入して犯人を射殺する法的根拠があったし、それを敢行するについてのアラブ首長国連邦の同意があった。もちろん、前述したように、それを決行することの決断をするについては、体質的な要素があるものの、法の許容という前提があったことを忘れてはならない。

今回のイラク派遣については、今回の事態が〝戦争〟でない以上、武器使用も超法規的に考えるのではなく、現行法—とくに刑法三五条（正当行為）、三六条（正当防衛）、三七条（緊急避難）等—が定める違法性阻却事由の範囲内で、その合法性の根拠を見出す努力をすべきである。超法規論は法の自滅につながり、暴力が暴力を呼ぶことになるおそれがあることを思えば、現行法の下で何ができるかを徹底的に検討すべきなのである。

7

責任―航空機事故―

1　航空事故（二〇〇二年一月）

―再発防止か、責任追及か―

「飛翔」ということばがある。新春にふさわしいことばだ。「飛翔」に因んで、航空事故について考えてみよう。

航空事故の歴史

一九八五年の夏、日本航空のジャンボ機（B747）が群馬県御巣鷹山に墜落して、乗員・乗客五二〇名が死亡するという航空史上最大の悲劇が発生、一九九四年の春には、名古屋空港で中華航空のエアバスが墜落して、二六〇名余が死亡する事故が発生した。

前者の事故原因は、事故機の後部圧力隔壁が損壊し、引き続き尾部胴体、垂直尾翼等の損壊が生じ、飛行性能の低下と主操縦機能の喪失を来したことにある。そして、こともあろうに飛行中に後部圧力隔壁が損壊したのは、同隔壁ウェブ接続部で進展していた疲労亀裂によって、同隔壁の強度が低下し、飛行中の客室与圧に耐えられなくなったことによるものであり、その疲労亀裂の発生・進展は、七年前に行われた同隔壁の不適切な修理に起因する。してみれば、同修理を担当したボーイング社の修理チーム（ＡＯＧチーム）作業員こそ、その修理ミスに同事故の主因をなすものとして、刑事責任が追及されるべきであるが、米国内に居住する米国人である彼らは自己負罪拒否特権を行使して、わが国の捜査官の取調べをいっさい拒否し、被疑者の特定すらできなかったので、不起訴にせざるを得なかった。

後者の事故原因は、死亡した機長・副操縦士のコンピュータの動きに反する操縦ミスにある。そのほかに、中華航空のハイテク機の操縦方法についてのパイロットに対する指導・訓練の不十分さ、さらには事故機を製造したフランスのエア・バス社の、コンピュータの改修についての通報の不適切さ等も事故を招いた間接的原因として無視できないと指摘されたが、検察は両パイロットの操縦ミスが決定的であるとして、「被疑者死亡」、他の関係者は「嫌疑不十分」で不起訴にし、検察審査会が、中華航空の訓練・指導ミスの過失責任を問う余地ありとして「不起訴不相当」の議決をしたものの、検察の結論は変わることはなかった。

さらに、二〇〇一年一月三一日、静岡県焼津市上空で、日本航空の羽田発那覇行き９０７便（Ｂ７４７）と釜山発成田行き９５８便（ＰＣ１０）が異常接近し、９０７便の乗員・乗客四二名が重軽傷を負う事故が発生した（その後、負傷者数が二倍になった模様）。この事故については、現在なお、事故原因、刑事責任の帰趨につき調査・捜査中である。国土交通省の航空・鉄道事故調査委員会は、一月中にも、事故調査報告書を公開して関係者や学識経験者から意見を聞く「意見聴取会」を開催するとのことである。

航空事故における問題点

航空事故の発生頻度は、他の交通事故、特に自動車事故に比べ圧倒的に少ないが、空中では、陸上や海上でとり得る「その場での停止」があり得ないという自明の理により、ひとたび事故が発生すれば、悲惨かつ徹底破壊につながる。そして、航空機運航の安全性は、二重三重のバックアップシステムに支えられて、相対的に高いといえるものの、安全が絶対に保障されているとはいえない。事故が発生した場合に備えて、航空機運航の特性、航空事故の法的処理方法、そこにおける問題点等を考えてみよう。

人は、限りなく移動の自由とその範囲の拡大化を求める。航空機は陸上、海上の交通機関よりも遅く出現したのにもかかわらず、空中を飛翔するものであるだけに、最も早くこの目的を実現した。一九〇三年、ライト兄弟が動力による初飛行に成功して、「空を鳥のように飛びたい」という人類の夢を現実化して以来、わずか四十数年で音速の壁を突破し、また一九六九年には、その超音速で一〇〇名もの乗客を運ぶ人類初の超音速旅客機・コンコルドが誕生し、また同年に人が月に到着した。

このように、目覚ましい発達を遂げた航空機の運航には、陸上、海上の交通機関にはない次のような特性がある。

第一に、航空機は、三次元空間のなかで運動する機器である。他の交通機関が地表面又は水面を移動する、二次元の動きをするのに対して、航空機は、地球の引力に抵抗して地表面を離れ、空という三次元空間のなかで運動する物体である。すなわち、航空機は空中に浮かんで動いている物体であるが、この自明のことが陸上、海上の交通機関と異なる根源的な特性である。

陸上、海上の交通機関は、走行中異常が発生しても停止することが可能であり、停止すればさしあたり事態の悪化を阻止することができる。これに対し、揚力・重力・推力・抗力の四つの力がバランスを得て初めて空中を安定して飛ぶことができる航空機は、何らかのきっかけで、前記のバランスがくずれ揚力を失えば、空中で一時停止ということはあり得ないから、墜落する危険を常にはらんでいる。今日の航空機は、高速でかつ重量が大きくなっているので、いったん推力を失うと、かつてのように滑空して不時着を試みるすべはなく、急激に落下し、その結果、乗員・乗客・搭載貨物はもとより、墜落した場所を中心とする地域に所在する人員・財産を損傷する危険がある。したがって、航空機事故を、他の交通事故、特に陸上交通事故に比べると、発生頻度は圧倒的に少ないが、一事故ごとの被害は人損、物損ともに極めて大きい。

第二に、航空機は高度の科学技術の結晶であり、その操縦は高度の技量を要する。科学技術の進歩・発展により、陸上、海上の輸送機器もその性能・精度の向上が図られているが、そのなかでも、航空機は空中に浮揚するものであるだけに、最高度の技術により作り出された構成品の集合体であり、またそれゆえに、構成品の一つが故障しただけでも飛行中危険な状態に陥ることがある。

また、航空機の運航技法の難度は、陸上、海上の交通機関のそれの比ではない。例えば、自動車の運転操作は、「国民皆免許」の傾向が象徴するように比較的容易であり、マニュアル・トランスミッション（M・T）からオートマチック・トランスミッション（A・T）への移行など装置の自動化がドライバーの負担を軽減している。これに対し、航空機の操縦は特殊かつ高度の技量を必要とし、前記の中華航空機事故が象徴するように、操縦機器がコンピュータ化しても、その扱い方に習熟しないとかえって危険が増幅する。

第三に、航空機の運航は、有機的・総合的な運航システムのなかで行われる。陸上交通機関の場合、その運転は、運転席で運転操作を行う者によって行われ、その意味で運転者が当該交通機関の運行を全面的に支配しているといえる。自動車の運行は、その最たるものであり、いかに巨大な運送会社、タクシー会社の車両であって組織的に運行しているものであっても、当該車両の運転そのものは運転者一人の運転操作に委ねられている。船舶の場合も、ひとたび海上に出れば、操船は船長以下の乗組員によって行われ、その意味で、船舶の運航はそれら乗組員に委ねられているといえる。したがって、それら陸上、海上の交通機関の運行中に事故が発生した場合、運転者、乗組員など、その運行に直接携わった者がその帰責主体となる。

これに対し、航空機の運航は、ひとりパイロットの技能や判断に依存しているのではない。管制、気象、整備、補給、さらには修理、製造等一連の有機的・総合的な運航システムの機能を前提として可能となり、そのどれが欠けても安全な飛行は期待できない。パイロットは、この全運航システムのなかの人的運航システムの一部を構成しているにすぎない。しかも、パイロットは他の運航システムに対して何らの支配機能を有しておらず、それが不完全なものであっても、所与のものとして受け入れざるを得ない。

航空事故の問題点における解決の未来

このように、航空機の運航は、最高度の技術の結晶である航空機が、これまた高度の技術力に依存した航法援助システムや各種の支援システムに助けられ、その間、多くの人間が直接間接に運航に携わるという実態を有する。そこで、事故が発生した場合、その原因については、極めて複雑な因子が錯綜していることが多いので、事故に対する責任は、当該航空機を操縦していたパイロットのみが負担するのではなく、人的運航システムを含む各運航システムがその不完全さの度合いに応じて負担すべきであるということになる。ところが、事故の真因はパイロットの支配下にない他の運航システムの不完全さにあるにもかかわらず、近因としての実行担当者であるパイロットの行為の小さな不完全さ、例えばコンマ何秒かの事故回避操作義務違反のみが追及され、他の運航システム上の不完全さに起因する責任までパイロットに負わすということがありがちであり、航空事故の責任追及にあたっては、この点を十分注意しなければならないのである。その意味で、検察が、中華航空事故の主因はパイロットの操縦ミスにあるとした点はやむを得ないとして、日航御巣鷹山事故のそれは、修理ミスであると判断したのは正当である。日航ニアミス事故のそれは管制ミスであると取り沙汰されているが、それが主因であるかを慎重に検討する必要があろう。

ところで、航空事故が発生した場合、事故関係者は、個人については航空従事者技能証明の取消し、一年以内の航空業務停止、定期航空運送事業者については事業免許の取消し、六か月以内の業務停止等の航空法に基づく行政処分、被害者に対する不法行為に基づく損害賠償の民事処分、業務上過失責任を問う刑事処分、所属会社による懲戒処分等の法的責任に問われることがあるが、その前提として、事故調の事故原因調査及び警察等の捜査機関による犯罪捜査が行われる。

アメリカでは、航空事故が発生した場合、わが国の事故調に類似する国家運輸安全委員会（N

TSB）が事故調査をするが、それはもっぱら同種事故の再発防止に向けてなされるものであって、事故機のパイロット等の刑事責任を免責することによって、パイロット等事故関係者に自己のミスも含めて真実を語らせ、それによって再発防止の実を挙げようとしている。したがって、事故が発生すると、当然にNTSBの調査が優先する。それに対し、わが国では、捜査機関の捜査が刑事責任の追及を目的とするものであることはもちろん、事故調の調査も、それ自体は再発防止のための事故原因調査を目的とするものであるものの、調査結果は、しばしば刑事裁判における証拠として用いられることがある。そこから、航空事故が発生すると、原因の究明が先か、刑事責任の追及が先かとの問題が生ずる。日航ニアミス事故の発生の際は、機長組合の警察に対する反発的行動もあって、この問題が浮上した。今後も同種の問題が生起するおそれがあるので、航空事故への法的処理のあり方、関係各機関の調整策を早急に検討すべきであろう。

2　航空事故調査報告書の証拠能力（二〇〇四年九月）

―世界の潮流とわが国の方向性―

日本航空七〇六便航空機事故判決

二〇〇四年七月三〇日、航空事故について、無罪の判決が出た。

一九九七年六月八日、香港発名古屋行きの日本航空七〇六便（ＭＤＩⅡ型機）が三重県志摩半島上空約一万六七〇〇フィート付近で、機首が激しく上下に揺れ、乗客・乗務員が天井にぶつかるなどして、乗客六名、乗務員八名が重軽傷を負い、そのうち、乗務員一名が一年八か月後に死亡した。この事故につき、検察官は機長Ｔを業務上過失致死傷罪で起訴し、本件事故原因は、被告人が自動操縦装置（ＡＰ）を解除しないまま操縦輪を強く引いてオーバーライドした操縦ミスの過失にあると主張した。

これは、本件事故を調査した航空事故調査委員会（以下「事故調」という。）の事故調査報告書の記述、すなわち「速度の増加を抑えるために機首を上げようとして、機長が操縦輪を引く操作をし、その結果、自動操縦装置がオーバーライドされ、ディスコネクトしたため、機長の機首上げ操作の効果を抑制していた同装置の働きがなくなり、同機の急激なピッチ・アップが発生し、その後もピッチ変動が繰り返された」との記述に依存したものであった。

被告人は、終始オーバーライド操作はしていないと主張して過失を否認し、コックピット内の他の誰もそれを目撃していないため、公判では、被告人がオーバーライドしたか否かが激しく争われた。

判決は、被告人がオーバーライドしたこと、それが事故にかかわりがあることを認めつつも、最初の機首上げは、被告人によるオーバーライドによって自動操縦が解除される前から始まっていた可能性が高く、その後の機首の上下動の繰り返しは、被告人の操縦輪への入力以外の原因が作用した可能性があり、また、一万七〇〇〇フィートの高度で手動操縦に切り替わったことにより、本件において見られたような機首の大きな上下動の繰り返しが生じることの予見が可能であったとはいえないとし、結局、本件事故の発生に、被告人の操縦操作が関与していたことは認められるが、結果予見義務およびそれを前提とする結果回避義務違反を認めることができないとして無罪とした。

事故調の事故調査報告書の意義

ハイテクの結晶ともいうべき航空機の、空中を飛翔中の事故の原因を見いだし、これを確定することはまことに困難である。そこで、航空についての科学的・技術的知見に富んでいる専門家集団である事故調が調査のうえ「事故原因」としたものを事故原因と認めがちである。本件の場合も、検察官は、全面的に事故調の調査報告書に依存して事故原因を認定した。しかし、同報告書における事故原因は、「可能性」を「推定」したものにすぎない。そもそも、事故調の事故調査は、あくまでも事故の再発防止を目的としており、事故原因については、その可能性の大小にかかわらず、広く、もれなく拾うということをめざしており、再発防止という観点からは多少の不確実さを有していても許される。すなわち、不確実性を残しつつも、再発防止という観点からは広く可能性のある原因を摘出して対処しておく方が、結果的に無駄になっても航空の安全という見地からは意味があるということである。このような視点は、刑事裁判の事実認定に必要な厳格な証明とはかなり異質なものである。本件における検察官は調査報告書に頼りすぎて、「推定」にすぎないものを「確定」的に認定し、また他の「可能性」もあるのに一つの可能性しかありえないような判断をしたきらいがある。過失犯においても、有罪にするには「合理的な疑いを超える程度の証明」が必要であることを忘れてはならない。

本裁判では、機長の刑事過失責任の有無のほかに、事故調の事故調査報告書を刑事裁判における証拠として用いることの可否自体が正面から問題となった。従来、これを当然のごとく認めてきただけにその意義は大きい。

アメリカの事故調査報告書の価値は

世界の諸国は、航空事故が発生した場合、事故原因を究明する。その代表的なものはアメリカ合衆国で、国家運輸安全委員会（ＮＴＳＢ）の中の事故調査局（ＢＡＩ）が連邦政府の他の機関から―連邦航空庁からも―独立し、強力な権限を行使して調査をする。その目的は、もっぱら同種事故の再発防止にあるのであり、事故機のパイロット等の刑事責任を免責することによって、事故関係者に自己のミスも含めて真実を語らせ、それによって再発防止の実を挙げようとしている。したがって、事故が発生すると、当然にＮＴＳＢの調査が捜査機関の捜査より優先する。調査報告書は公表するが、刑事裁判の証拠として利用することは厳しく制限されている。

日本の事故調査報告書の価値は

わが国では、従来、運輸大臣（現在の国土交通大臣）に事故調査権があり、運輸省航空局の一つの課が調査を実施し、とくに大事故の場合は臨時編成の事故調査委員会が特設されて調査が行われてきたが、各界から常設の事故調査機関を望む声が高まり、一九七三年NTSBをモデルとした航空事故調査委員会設置法が制定され、これにより航空事故調査制度は法制的に確立するに至った（同法は、その後、一九九三年に、「航空・鉄道事故調査委員会設置法」に改められた。）。

わが国においても、同委員会は国土交通省におかれるものの、職権行使の独立性が保障されており（同法四条）、調査目的は再発防止にある（同法一条）ので、調査のための関係者の出頭要請・質問、関係物件の提出要請・領置等の処分権限は「犯罪捜査のために認められたものと解釈してはならない」が、再発防止に向けた事故原因調査と刑事責任追及に向けた犯罪捜査との間に優劣はなく、実際にも両者が並行的に行われるし、捜査機関は同委員会に対し、刑訴法一九七条二項による照会をし、あるいは同法二二三条一項により鑑定嘱託をして、調査報告書を入手してこれを刑事裁判の証拠として用いてきて、そこになんらの制約もないものとして取り扱われてきた。かかるやり方に対して、本件の弁護人から猛然と反対の主張がなされたのである。

国際民間航空条約の取決め

この点については、航空に関する国際的な取決めを見なければならない。その最も重要なものは、日本も加盟している「国際民間航空機関（ＩＣＡＯ）」が採択し、日本も批准した「国際民間航空条約（通称シカゴ条約）」である。その第一三附属書（航空事故調査）三—一条は、「事故調査の基本目的は事故の予防にあり、非難・責任ではない」旨を規定し、さらにこの趣旨を徹底するため、五—一二条において、

(a) 調査当局が調査の過程で入手したすべての口述
(b) 航空機の運航に関与した者のすべての交信
(c) 事故又はインシデントに関係ある人の医学的又は個人的情報
(d) コックピット・ボイス・レコーダに記録された音声及びその読み取り記録
(e) フライト・レコーダの情報を含めて情報の解析において述べられた意見

記録を事故調査以外の目的に利用してはならないと規定している。

そして、同条の〈注〉として、「事故又はインシデント調査の間に面接した者から自発的に提供されたものを含む上記の記録に含まれる情報は、その後の懲戒、民事、行政及び刑事上の処分に不適切に利用される可能性がある。もしこのような情報が流布されると、それは将来、調査官に対し包み隠さず明らかにされるということがなくなるかもしれない。このような情報を入手できなくなると、調査の過程に支障を来し、航空の安全に著しく影響を及ぼすことになる。」旨記載されている。

そもそも「附属書」は条約自体ではなく、直接に同条約加盟国を拘束するものではない。その意味では、わが国の法律の上位規範であるとはいえないであろう。しかし、いわゆる「相違通告」をしない国（日本も同通告をしていない。）は、採択された附属書の定める標準に従うことを表明したものと解される。

事故調査報告書の証拠能力

そうではあっても、第一三附属書五―一二条は、その文言上、同条に掲げられた記録の開示を制限するものである。ところで、わが国の事故調査報告書は、一般に公表することが義務づけられており（事故調査委員会設置法二〇条三項）、本件の報告書もすでに公表されたものである。いかに事故調査の目的が再発防止にあるとはいえ、すでに一般の人の目に触れているもので、証拠として有益なものを刑事手続で利用できないとするのは、証拠能力を不当に制限するものである。したがって、同報告書は公表された以降は、第一三附属書五―一二条の制限を受けないものと解すべきであろう。証拠は、法がとくに禁ずるものでないかぎり、広く利用しうることが望ましい。とくに、航空事故のように技術的な要因を多数包含する事実関係の解明に当たっては、専門家集団である委員会の調査結果の利用は不可欠である。

そして、それは専門的知識を有する者が、共同で、その科学的経験則の適用による事実の認定についての意見を記載したものであるから、刑訴法三二一条四項の鑑定書として証拠能力を認めてよいであろう。

とまれ、航空事故についての世界の潮流は、同種事故の再発防止を第一とし、酒酔い操縦など故意犯に準ずるような悪質なケースを除き、刑事処分の対象から除外している。わが国も、この世界の潮流と同一歩調をとるのが望ましい。もっとも、それは将来のこととして、事故原因追及と刑事責任追及との並行方式を継続するなら、報告書の中の客観的事実に関する記述のみを証拠とすることができるものとし、パイロット等の過失責任に関係する部分は証拠能力がないものとするのが妥当であろう。

8

少年——少年の真の健全育成を図るには——

1　少年審判のあるべき姿（一九九九年四月）
―否認事件の増加に対応して―

否認事件の増加に伴って

今、少年審判にねじれが生じている。その原因は否認事件の増加である。かつて少年事件で非行事実が争われるということはほとんどなかったが、最近は徹底して否認するというケースが相次いでいる。それに伴って、少年審判に制度的欠陥があることが認識され、少年法改正論議がまき起っている。現行少年審判手続のどこが問題で、どう改善すべきなのか。

現行少年法発足当時、「刑事事件の対象は事実であるが、少年保護事件の対象は人である」といわれ、少年審判の対象は要保護性であって、非行事実は審判をするための手続上の条件にすぎないと考えられたが、今では、非行事実は要保護性と並んで実体的な審判対象として取り扱われている。

したがって非行事実は厳格に認定されなければならず、非行を犯していないのに非行ありと誤認して保護処分をすることは許されないことはもちろん、実際には罪を犯しているのに否認を通せば、非行なしで不処分になるようなことは、少年の健全育成の観点からも国民の少年審判に対する信頼保持の観点からも避けなければならない。ことに、少年は否認しているが、裁判官は証拠上非行事実ありの心証を得ている場合が問題である。刑事手続では躊躇することなく有罪認定をすることができるが、保護処分は少年がそれを受け入れる（受容）ことが前提となるべきであるが、否認のままではそれが得られにくいので、裁判官は司法官として毅然たる態度を貫くべきであるというだけでは問題の解決にならない。

さらに、激しく争われ、非行事実の存否の判断がつきかねるようなケースにはどう対処すればよいか。現行法上少年審判に検察官の関与はなく、付添人も必要的でないため、家裁は裁判官のほか検察官、弁護人の役割も負わねばならない。広範な証拠収集をする必要がある場合も、そのための手足を持っていない調査官に非行事実の存否に関する調査を行わせることは、少年のよき理解者としての調査官のイメージを損ない、調査官本来の職務である要保護性に関する社会調査に支障を来すおそれもあるので多くを期待することもできないし、警察等への補充捜査の依頼も限界がある。

ほころんでいく現行少年審判手続

ところで、逆送決定は、非行事実が存在し、刑事処分相当性がある場合にできる。後者には、保護処分によってはもはや矯正の見込みがない場合（保護不能）と、保護処分による矯正の余地があっても、事案の内容、社会に与える影響等から保護処分で対処するのが妥当でない場合（保護不適）とがある。そして、現在は、かつての保護処分優先の考え方から脱却して、少年が決定時一六歳以上であるかぎり、保護処分、刑事処分を同一面におき、少年に最適な処分は何かという観点で処分決定をする傾向にある。

いずれにしても、家裁が職権で証拠調べをしても少年側の者の態度に変化がみられない場合や、非行事実の存否につき判断がつきかねるような場合は、本来の逆送ができる場合にあたらない。かかる場合に逆送を認めるのは、家裁裁判官の職責放棄であるとの批判すらある。しかし、職務に誠実な家裁裁判官ほど、「ひとたび事実が争われると、現行の構造は制度的な限界を示してしまう」、「否認事件のうち真相解明を特に重視すべき事件の事実認定は刑事裁判にゆだねるべき」という思いを強くしているのである。

「山形マット死事件」、「調布事件」等事実認定が困難な否認事件につき、こういう問題が生じているが、そのこと自体、現行少年審判手続のほころびを端的に物語っているといえる。今や、非行事実は第一義的に厳格な認定を要するという考え方は大勢となっており、他方、少年の否認傾向もまた顕著な事実になっている。それに対処するには現行の審判構造ではどうしても無理がある。現行のそれは、一人の裁判官と少年側の者だけでの、非公開の、徹底した非方式・無形式なやり方であるが、事実認定を厳格かつ適正に行うには、審判主体を合議体とし、検察官関与を認め、対審構造のもと、一定のルールに従った両当事者の攻撃・防御の間に真実を見出していくという方式が不可欠である。

こういう考え方に対しては、少年審判に検察官を関与させることは、少年の健全育成の見地からも少年の情操保護の観点からも好ましくないという意見がある。しかし、少年が非行事実を争う場合、少年自身にとっての最大の関心事は、当然に非行事実が適正に認定されるかどうかという点にあるから、少年の保護教育のためにも、少年にとって公正で適正な事実認定手続のあり方はどのような構造であることが望ましいかという観点で検討されるべきなのである。検察官が関与する対審構造の中で、少年に一人の人格者として尊重されていることを自覚させながら審判を行うというのがそのような枠組みに適合するものである。

今回の少年法改正案に盛り込まれている検察官関与制度は、一定の重大事件の事実認定に必要であると裁判官が判断したときだけ用いるという限定的なものであるが、少年審判のあるべき姿に一歩近づいたものといえる。

2　慈母と厳父（二〇〇〇年六月）

―少年法改正の方向性―

凶悪化する少年非行に対して

一五歳の少年が五〇〇〇万円を恐喝し、一六歳の少年がリンチを加えて死体を林に捨て、一七歳の少年が「殺す経験をしてみたかった」と一面識もない主婦を惨殺し、これまた一七歳の少年がバスジャックをし、乗客の女性を包丁で切り殺す――。まるで、止めどもなく押し寄せてくる怒濤のような少年非行の氾濫《はんらん》である。

少年非行に質的変化が生じていること、それに応じ少年法の手直しが必要であることはかねてから問題とされ、一九七八年、法制審議会はかなり広範な改正案を中間答申したが、日弁連や学界の激しい反対があって頓挫してしまった。その後再び改正論議が起こり、一九九八年法務大臣の諮問を受けた法制審議会が精力的な審議を重ね、その答申に基づく改正法案が昨年三月国会に上程された。この法案は、現行少年法の基本理念・構造には手を触れず、最近の少年非行の凶悪化・否認化に着目した、少年審判における事実認定手続の整備のみを目指すものであった。先の頓挫の二の舞にならないように、何人も賛成できるような最少限の改正案であり、「小さく生んで、小さく育てる」趣旨のものであったのである。

にもかかわらず、同法案の審議は棚上げにされ、一年二か月もの間手つかずの状態におかれ、同法案上程後に上程された「国旗、国歌法」や「通信傍受法」等の法案が次々に可決成立した。そして内閣総理大臣の交替、衆議院解散予定等の政変もあって、少年法改正法案は遂に廃案の見込みが濃厚になった。ところが、ここへ来て、国会は今会期での廃案を確実視しつつ、同法案の審議を始め、自民党は年齢引下げ等の報告書の素案を発表するなどの慌ただしい動きを見せている。衆院選に向けての選挙対策であることは明白であり、〝重態〟になってから慌てて動き出すわが国の〝後追い政治〟がここにも露呈した。

刑事思潮と国親思想

そもそも、少年法の法理は二つの大きな潮流に基づいて形成された。その一は、刑事学の進歩に伴う刑事思潮に由来するものである。その淵源は、犯罪現象を資質と環境の共働によるものであるとする実証主義学派の主張にある。特に、少年は可塑性に富み、教育可能性が強いから、教育的方法をもって個別的処遇をすることが少年の改善更生のためにも社会防衛の目的にもかなうと考えられたのである。

その二は、衡平法（Equity）の思想に基づく国親思想（Parens Patriae）に由来するものである。これは、少年保護の理念は刑事法的なものというよりは国家の後見的・福祉的なものであるとする。国家は司法を背景にして、適当な親の保護を欠き、福祉が損なわれている少年に対し、少年の親となり後見人として、愛の手を差し伸ばし、正当な親の与えるであろう世話と訓育を施し、社会に適応し自立するようにしてやらなければならないとする。

第一の刑事法の思潮に添う少年法理はヨーロッパで発達し、第二の国親思想に基づく理論づけはアメリカで発達した（一八九五年のイリノイ州で制定された少年法がその典型である。）。その間にあって、わが国では、旧少年法（大正一一年法律四二号）は第一のヨーロッパの思潮の流れを引き継いだものであったが、昭和二三年制定の現行少年法はＧＨＱの強力な指導もあって、第二のアメリカの思想が色濃く影響した。

保護主義から厳罰主義へ

敗戦直後のその当時は、国親思想に基づく保護主義はわが国にもマッチした。しかしまず、母法国のアメリカですら、一九七〇年代の半ばから少年非行の悪質化に伴い、保護主義から厳罰主義へのドラスチックな変化が生じ、今では国親思想ないし保護主義は消滅したといってよい状況にあるが、わが国でも、最近の少年非行は、中産階級の家庭の子弟の犯罪や動機なき犯罪の増加、凶悪化、集団犯化、低年齢化、否認化が顕著で、立法当時とは質的変化が見られる。

それに対応するには、少年法の基本理念を保護主義のみに求めるのではなく、少年に自分が犯した罪は自分で償うという「責任」を自覚させるところの責任主義の理念をも兼ね備えたものにする必要がある。いわば、慈しみ深い母親――慈母（保護主義）と厳しい父親――厳父（責任主義）の両面を合わせもつ少年法理念であるべきなのである。保護と責任を相互補完的に把握してこそ、現代のわが国の少年非行に適応した少年法の運用が期せられるのである。

少年法の基本理念とは

そもそも少年法は、福祉法、教育法の一環をなすものではなく、実体法的には刑法の、手続法的には刑事訴訟法の特別法であり、少年審判制度は、刑事司法ないし犯罪対策制度の一環をなすものである。少年に対して原則として刑罰に代えて保護処分を行うことにしているのは、その未熟性や可塑性に着目し教育的処遇をすることが、少年を更生させその福祉を図るとともに、それによって社会の安全・防衛が期せられると考えられるからであり、その意味で、少年法一条の「少年の健全な育成を期し」の文言も、単に少年の教育・福祉を目的とするとの趣旨を述べたものでないと解すべきである。

少年法の基本理念をこのようにとらえると、次の二つのことが言える。第一に、「保護処分」といっても自由の拘束などを伴う点において、本人にとっては一種の不利益処分であることを考え合わせ、保護手続においても、事実の厳格な認定及び適正手続の保障を図らなければならない。過度の保護主義は少年を保護の客体としてしか取り扱わないから、これらの要請は軽視されるが、少年であっても主体性を認め、保護手続の中で少年に一人の人格者として尊重されていることを自覚させせながら審判する必要があるという考え方によれば、これらの要請が重視されなければならない。第二に、「少年非行」といってもそれは社会の犯罪現象の一つにほかならないのであるから、非行少年に対する処遇は、単に本人の保護・福祉を図ることにとどまらず、被害者の救済、国民の正義感情の満足、社会の安全保持なども総合的・統一的に考慮して行われなければならない。現行法は前者の観点に偏《かたよ》りすぎ、後者の要請を軽視しすぎている。

前述したように、一九九九年三月国会に上程された少年法改正法案は、専ら事実認定手続の適正化を目指すものである。その内容については、8 1（二〇〇頁以下）で述べた。

少年法は免罪符？

改正を要するもう一つの点は、年齢である。少年法が刑事司法の一環をなすものであるのであれば、少年法の存在は少年非行を抑止する効果をもつものでなければならない。ところで、近時の少年は、肉体的成長度が早いのみならず、精神面では権利意識が高く、かつ高度情報化社会にあって、成人以上に情報人間化しており、非行少年は、どの程度の非行に対してはどの程度の処分が科せられるという「処分の相場」には異様なくらい敏感である。少年法の定める年齢規定を逆手にとって、「悪いことをするなら二〇歳までに」、「死刑にならないようにするなら一八歳までに」、「刑事処分を避けるには一六歳までに」と考え、少年法を非行を犯すための免罪符にしている。バスジャックの犯人が犯行直前にインターネット上で表示した暴言は、彼が少年法上のこれらの関係規定や制度を熟知していたことを物語っている。

そこで、まず、少年法の適用年齢限界を現行の二〇歳から一八歳に引き下げるべきである。世界の潮流も、フランス一八歳、イギリス、ドイツ各一七歳、アメリカ（ニューヨーク）一六歳と、一八歳以下であり、実質的にも、その肉体的・精神的・社会的成長度から一八歳を超えれば成人扱いしてなんら支障はない。

次に、死刑の適用年齢限界を現行の一八歳から一六歳に引き下げるべきである。

さらに、刑罰適用（逆送）年齢を現行の一六歳から一四歳に引き下げるべきである。そもそも、刑事責任年齢を何歳とするかは一国の法秩序として重要事であり、かつ当然単一のものであるべきであるが、わが国は刑法が一四歳、少年法が一六歳とダブルスタンダードになっており、これは背理である。もっとも、少年法上の逆送年齢（一六歳）は非行ではなく逆送決定時を基準としているので理論的には少年法が刑法の刑事責任年齢を引き上げたことにならないが、実際には、捜査、家裁の審判に一年〜二年もかかることはあり得ないから、事実上二重基準になっており、かつ特別法である少年法が一般法である刑法の刑事責任年齢を引き上げているといえる。

刑事責任年齢についての世界の潮流も、ドイツ一四歳、フランス一三歳、イギリス一〇歳と、一四歳以下であり、実質的にも、またわが国の実情からも逆送年齢を刑法の規定と同一の犯行時一四歳とすべきである。

もっとも、少年法の適用年齢限界を一八歳とし、逆送年齢を一四歳とすることについては、他法令の諸制度との整合性を図る必要がある。前者については、民法上の未成年年齢、公職選挙法上の選挙権年齢等との整合、後者については、教育基本法上の義務教育年齢、労働基準法上の労働者年齢等との整合をそれぞれ図る必要があるのである。

このような改正によって、少年の改善・更生と社会の安全保持の両者を全うし、真の「少年の健全育成」を期すことができるのであり、したがって、以上の提言は、「厳罰化」を図るものでなく、「適正化」を目指すものである。次期国会では優先的に審議されることを強く求めたい。

3 触法少年（二〇〇三年八月）

―一二歳の暴走―

犯人は一二歳の少年

幼稚園児（四歳）を全裸にして駐車場ビル屋上から突き落として殺害したのは、あどけなさの残る一二歳の男子中学一年生だった――。

二〇〇三年七月一日午後七時ころ、種元駿ちゃんは、両親や妹に伴われて長崎市の大型電器店に訪れたが、同二〇分ころ、同店内のゲームコーナーに一人で向かったまま行方不明となった。父親の捜索願いに基づき捜索中、翌二日午前九時四五分ころ、同店より約四キロ南方の駐車場ビル脇の路上で、全裸の遺体で発見された。その傍らにはハサミがあり、駿ちゃんの体の一部にはハサミで切りつけた外傷があった。死因は高い所から落ちて頭などを強打したことによる脳障害で、死亡推定時刻は一日午後八時ころから二日午前〇時ころとみられた。状況からして、高さ約二〇メートルの駐車場ビルの屋上など高所から投げ落とされた可能性があり、長崎県警は捜査本部を設置して捜査を開始した。

「青いTシャツを着た四歳の男の子」を連れた者について聞き込みをしても、目撃情報が極端に少なかった。連れ去り現場である大型電器店の防犯ビデオには記録が残されておらず、遺体が発見された駐車場ビルのビデオには録画機能がなく、捜査幹部をがっかりさせた。そこで、捜査員は駿ちゃんが写っている映像を求めて、駐車場周辺の商店街のパチンコ店、ゲームセンター、コンビニエンスストアなどの防犯ビデオの記録を綿密にチェック、遂に、駐車場ビルから一五〇メートル離れたアーケード内のカメラが、駿ちゃんを連れて歩いている若い男をとらえているのを突き止めた。加えて、その若い男の服装の画像解析の結果、左胸の校章から、長崎市内の中学校の夏の制服であることが判明。一方、駐車場ビル屋上に残されていた足跡を発見したが、これは同中学校が指定している白のスニーカーであることが判明した。

このようにして割り出した犯人甲は、何と一二歳の男子中学一年生であったのである。捜査本部は九日、甲を補導したが、全体の状況からして、甲は駿ちゃんを駐車場ビルの屋上に連れていき、全裸にして、屋上を囲む高さ約一メートルのフェンスに乗せ、ハサミで傷つけ、痛みで暴れた駿ちゃんをハサミともども、真下に突き落としたものと認められた。

事件解決！のち落胆

本件が、小学校時代から常にトップクラスの成績をとってきた一二歳の少年の、性的虐待の伴った犯行であることが判明するや、世人に強い衝撃が走った。捜査本部は、緻密なビデオ、足跡の解析等による捜査により発生後わずか九日目に事件解決に至ったことに凱歌をあげつつも、他方で、落胆の声を覆い隠すことができなかった。犯人が一二歳の少年では刑事処分に付す可能性がないからである。

二〇〇〇年の少年法改正により、刑事処分相当で送致することのできる年齢が一六歳から一四歳に引き下げられた。それまでは、刑罰適用年齢は、刑法上一四歳、少年法上一六歳とダブルスタンダードになっていたが、刑事責任年齢を何歳で線引きするかは一国の法秩序として重要な法定事項であり、当然単一のものであるべきなのに、昭和二三年の少年法の立法の際、国親思想に基づく保護主義一辺倒のアメリカの法制度に倣《なら》って刑事処分相当年齢の下限は一六歳とされてきたのである。二〇〇〇年の法改正により一四歳に引き下げられて、刑法の刑事責任年齢と一致し、一四歳・一五歳の犯罪少年も刑事処分を科しうる途が開かれたのは、少年犯罪の低年齢化に鑑み、時宜に適した改正であった。

犯罪が成立しない！

しかし、一四歳未満の少年については、少年法上も刑法上も刑罰を科す途は完全に閉ざされている。犯罪は、客観的に構成要件に該当し、違法性があることに加え、主観的に有責性を備えたものでなければ成り立たない。有責性の要素の一つが刑事責任能力であり、刑事責任能力のない者の行為は、それがどんなに重大、凶悪な犯罪を構成するものであっても、犯罪が成立しない。刑法四一条は「十四歳に満たない者の行為は、罰しない」と規定しているが、この「罰しない」は、犯罪は成立するけれども処罰しないという意味ではなく、犯罪そのものが成立しないという意味である。

このように、一四歳未満の者は刑法の対象にならないが、少年法および児童福祉法の対象にはなる。少年法上の「少年」とは二〇歳未満の者であり、児童福祉法上の「児童」とは一八歳未満の者である。そして、「少年」は①犯罪少年（一四歳〜二〇歳未満）、②触法少年（〇歳〜一四歳未満）、③虞犯少年（〇歳〜二〇歳未満）に分けられ、「児童」は㋑乳児（〇歳〜一歳未満）、㋺幼児（一歳〜小学校就学時）、㋩少年（小学校就学時〜一八歳）に分けられる。

したがって、少年甲は「触法少年」として、少年法、児童福祉法の規制下におかれる。捜査本部は、事件発生以来、誘拐・殺人事件として捜査してきたが、九日、犯人が一二歳の少年であることが判明した瞬間、「犯罪捜査」から、「補導」に切り換えた。補導とは、非行を防止するための注意、助言、指導等を行うことであって、捜査とは全くその性質を異にする。そして、即日、長崎児童相談所に通告をし、捜査本部を解散した。犯罪少年のように将来刑事処分の対象となる可能性が全くないから、検察官を経由させる必要がない。

触法少年に対する措置

触法少年については、現行法上、非行少年を扱う少年保護手続と要保護児童を扱う児童福祉手続が併存する二元的な構造とされているものの、児童福祉機関先議の原則がとられている。そこで、児童相談所としては、「福祉」の観点からする児童自立支援施設に送付するなど独自の措置をとることができるが、本件に関しては、同児童相談所は事案の重大性に鑑み、翌一〇日長崎家庭裁判所へ送致をした。

送致を受けた家庭裁判所は、将来の審判を行うため必要があるときは、「観護措置」をとることができる。観護措置とは、少年の身柄を確保しつつ、心身の鑑別を行うものであり、これには、家庭裁判所調査官の観護に付す方法（在宅観護）と少年鑑別所に収容する方法（収容観護）とがあるが、在宅観護は身柄の保全の実効性に乏しいためほとんど活用されておらず、収容観護が通例である。甲少年についても、同家庭裁判所は、即日、長崎少年鑑別所に送致する観護措置決定をした。

この観護措置期間は、原則として二週間である。特に継続の必要がある場合は一回に限り更新できるので、最長四週間である（二〇〇〇年の法改正により、重大犯罪については更に一回の更新ができることになったので、その場合は最長八週間であるが、犯罪にならない本件は、この特別更新は適用にならない）。

観護措置が終了すると家庭裁判所の審判が開始される。審判は非公開で行われる。少年の保護者・付添人は出席できるが、触法少年による事件である本件について、検察官に列席権はない。

重要なことは、審判の結果なされる処分決定の種類である。家庭裁判所がなしうる処分は、大別すると、保護処分と刑事処分相当による逆送であるが、触法少年については後者はありえない。前者の保護処分には、①保護観察、②児童自立支援施設（または児童養護施設）送致、③少年院送致の三種類があるが、触法少年については、③はありえない。というのは、少年法上は保護処分の一種として、家庭裁判所は③の処分もなしうる旨規定されている（同法二四条一項三号）が、少年院法上は、一四歳以上の者でなければ少年院に収容しないものとされている（同法二条二項）からである。審判手続を定める少年法上、少年院送致決定ができるとしても、少年院側が少年院法により受け入れを拒む以上、同決定をすることは無意味であるから、実務上も、家庭裁判所は触法少年について少年院送致決定はしていない。

閉鎖施設への収容か

そうすると、触法少年については、①の保護観察、②の児童自立支援施設送致のいずれかということになるが、少年甲の場合は、その精神面の特異さおよび行為の重大・悪質さから②が選択される可能性が大きい。ところで、児童自立支援施設は、不良行為をなし、またはなすおそれのある児童等を入所させ、または保護者の下から通所させて必要な指導を行い、その自立を支援することを目的とする都道府県の施設である。校舎と寄宿舎で構成され、父母役の職員と起居を共にするが、刑務所とはもちろん、少年院とも異なり、開放処遇および同意に基づく福祉措置を基本とする処遇を施す施設であるから、高い塀もなければ厳重な施錠もなく、少年が無断外出して帰宅したような場合、職員が連戻しに赴いても、本人および保護者が連戻しに同意しなければ、連れ戻せない事態も起こりうる。

このように、児童自立支援施設では、本来、任意・開放的な処遇を行うのが原則であるが、本人の育成のために必要な場合は、児童福祉機関は家庭裁判所の許可を得て、強制的措置をとることができることになっている。強制的措置としては、少年を自由に外出できない閉鎖施設や区画に収容して行動の自由を制限することが行われる。実際に強制的措置が実施されているのは、男子用の国立武蔵野学院（埼玉県）、女子用の国立きぬ川学院（栃木県）の二か所だけである。この強制的措置として閉鎖施設に収容できる期間は、運用上、最長一八〇日とされているが、児童福祉法の適用限界である一八歳を超えて収容することはできないし、また事実上、義務教育年齢までを期限としている。甲少年は、おそらく、この閉鎖施設に収容されることになろう。

「小さい子がやったことだから」

触法少年甲に対して法律上とりうる措置はここまでであり、これが限界である。少年事件は、その性格上、保護事件と刑事事件との二面性を有していること、少年法は手続法的には刑事訴訟法の特別法の地位を占めることから、調査段階で、刑事訴訟法を準用して、二～三か月間の鑑定留置による精神鑑定をしたとしても、甲少年を法律上拘束できるのは合計一年弱ということになる。成人であれば、死刑もありうる重大・凶悪な犯行に及んでも、甲の場合は、年齢が一二歳というだけで、このような短期間しか拘禁できないということでは、被害者の親族としては、「小さい子がやったことだから」という理由で許すことは到底できないであろう。社会一般の正義感情も同様である。

刑法改正か？　少年院法の改正か？

昨年一年間に補導された一四歳未満の少年は二万四七七人。少子化で五年前の七五パーセントにとどまったが、殺人・放火などの凶悪犯、暴行・傷害などの粗暴犯にかぎってみると、一七六〇人と一〇パーセント近く増えている。一方、検挙された一四歳～一九歳の少年は一四万一七七五人で、このうち一四歳～一六歳は、一七歳～一九歳の約一・八倍に当たる九万一六二八人。少年非行の低年齢化傾向は顕著である。

神戸の連続児童殺傷（一九九七年）、西鉄高速バス乗っ取り（二〇〇〇年）、大分の一家六人殺傷（同）……。凶悪事件が相次ぎ、少年法の刑罰年齢が一六歳から一四歳に引き下げられた。しかし、本件の少年は一二歳、犯行の手口は残忍であるが、刑罰年齢にも達していない触法少年である。

いかなる手を打つべきか、さらなる年齢引下げを求める声も出ている。しかし、一六歳から一四歳の引下げは、少年法の改正だけで足りたけれども、明治以来一貫して採ってきた刑罰年齢一四歳を引き下げるとなると、基本法規中の基本法規である刑法の改正という大冒険が必要となるだけに困難である。

さしあたりは、触法少年も少年院に収容できるような法改正をはかるべきであろう。これなら少年院法の改正で足る。実質的にも、保護処分のうちで最も強力な処遇である少年院への収容は、本件のような凶悪な刑罰法令に触れる行為に及んだ触法少年の処遇施設としてふさわしいであろう。

子どもにふさわしい矯正プログラム

さらに、根源的には、刑罰システムの抜本的変革が求められよう。現行の制度では、刑事責任無能力者は、心神喪失者と刑事未成年者とされている。刑法における責任主義の理念から、責任能力があることが行為者に刑事責任を負わせるための前提となるので、現行刑法は心神喪失者と刑事未成年者を刑事責任無能力者としている。心神喪失の有無は犯罪の実行行為時を基準にして個別的・実質的に判定されるのであるから、責任主義の理念に適《かな》っているが、刑事未成年者については、一四歳未満の子どもであっても、是非弁別能力を備えている者もあるのに、刑法は、その具体的な精神的発達の程度を問わず、一四歳未満の者を画一的に責任無能力者としている。これは、純粋に、行為時の是非弁別能力だけを基準にして定めたものでなく、年少者は心身の発育の途上にあり、改善可能の可塑性に富んでいるから、その将来のために刑罰を科すのを控えようという政策的なねらいも加味されている制度であって、もともと論理必然的な制度ではない。

そこで、年齢を基準にして責任能力の有無を区別する制度を撤廃し、犯行時心神喪失でないかぎり、年齢のいかんを問わず刑事責任能力があるものとして取り扱い、拘禁施設に収容するものとする改革を採り入れてはどうか。その際、重要なことは、拘禁施設収容後の処遇のメニューをバラエティに富んだものにし、それぞれの年齢に応じたものにするということである。すなわち、現在のような画一的な作業を課すのではなく、大人は大人にふさわしく、子どもは子どもにふさわしい矯正プログラムを組んで、個別的な処遇をするということである。子どもの場合は、それが義務教育年齢者であれば、学科教育を施すことが考えられてよい。要は、罪を犯したことによる責任をとらせる一方で、改善・更生のための適切な処遇をするということである。イギリスでは、二歳の幼児を殺害した一〇歳の少年二名を八年以上一五年以下の拘禁刑に処した例がある。時代は、年齢による画一的処遇を陵駕しようとしているのである。

この事件の発生は、そうした新しい刑罰システムへの転換を考えさせるきっかけにもなっている。

4 犯行時一五歳少年への実刑判決（二〇〇四年一月）

―少年犯罪の悪質化―

戦後初めて、一五歳の少年に実刑判決が出る

犯行当時一五歳であった少年に、戦後初めて、刑事処分としての実刑判決が下された。昨年一一月二〇日、裁判所は福島地裁郡山支部、刑は懲役三年六月～六年の不定期刑。

その事件の内容は、次のようなものである。少年甲は成人の乙および当時一六歳の丙と共謀し、二〇〇二年九月二日午後六時半ころ、二〇歳台の女性の一人住まいの居宅に、宅配便の配達人を装って押し入り、同女に対し、粘着テープで目・口をふさぎ、さらに両手首を後手に縛るなどして、翌日午後四時ころまでの二〇時間余の長時間監禁し、その間、こもごも姦淫を繰り返して傷害を負わせ、また、現金、キャッシュカード、クレジットカード等を強取し、さらに、被害者をしてその実母に被害者名義の口座に現金を入金するよう連絡させて、強取したカードを用いて同口座から現金を窃取し、あるいは、強取したクレジットカードを使用して新

幹線回数券を詐取してこれを換金するなどした。この犯行の主導者は乙であるが、甲・丙も単に乙に指示されてこれに従ったというのではなく、事前謀議、実行行為ともに積極的に関与した。

同月二七日、甲、乙、丙は逮捕された。同年一一月八日、甲、丙の二少年は福島家裁郡山支部へ送致、観護措置がとられたうえ、同年一二月四日、福島地検郡山支部への「逆送」決定がなされた。犯行時一六歳の丙についてはともかく、同一五歳の甲についての逆送決定が歴史的意義をもつのである。同年一二月一三日、同支部は、二少年を、福島地裁郡山支部に、住居侵入、強盗強姦、監禁、窃盗、詐欺で起訴した。同一五年一月三一日、初公判で、二少年は起訴事実を認め、以後六回の公判を重ねて、同年八月二七日結審、甲・丙二少年に対し、いずれも懲役四年以上八年以下の不定期が求刑され、このたびの判決に至った。

保護主義から厳罰主義へ

現行少年法は連合軍の占領下にあった一九四八年に制定されたが、GHQの強力な指導もあって、当時アメリカに定着していた「国親思想（パレンス・パトリエ）」の影響を色濃く受け、教育的、福祉的機能が強調され、少年は「保護」の対象であり、したがって、犯罪を行った少年に対しても保護処分を科すのが原則であって、刑事処分は例外的に科すものとされた。

保護処分は「愛のむち」であり、少年法は「愛の法律」であるといわれたゆえんである。

しかし、まず、母法国のアメリカにおいて、一九六七年のいわゆる「ゴールド判決」を契機に、少年を保護の客体扱いする姿勢から権利主体性を認める方向に転換し、さらに一九七〇年後半からは少年非行の凶悪化に伴い、保護主義から厳罰主義へのドラマチックな変化が生じ、今や、国親思想という言葉自体が消滅したといってよい状況にある。

少年犯罪の増加、悪質化と低年齢化

わが国においても、最近の少年犯罪の増加と悪質化はすさまじいものがあり、来日外国人による犯罪とともに、かつて安全大国といわれたわが国の治安を悪化させる大きな要因となっている。一四歳から一九歳までの少年の全人口に占める割合は六パーセントにすぎないのに、その年代の行う犯罪の割合は全犯罪の四〇パーセントを超えており、同年齢人口比において、少年は成人の八倍の割合で犯罪を行っている。特に、街頭犯罪の七〇パーセントは少年によって行われ、少年が婦女子を安心して道路を歩けなくしている。しかも、犯罪を行って矯正施設入りするのは、わずか五パーセント、保護観察になるのは一三パーセント、残りの八〇パーセント強は何の処分も受けないで自宅に戻され、再び非行に走っている。質的にも、凶悪化、集団化、否認化が進んでおり、とりわけ、年小少年（一四、一五歳）の非行率が高く、低年齢化が顕著である。

ここにおいて、犯罪少年に対する対策の根本的な見直しが迫られることになった。もとより保護主義の理念は少年対策に不可欠の基本理念である。しかし、今日の少年犯罪に対応するには、それだけでなく、少年に自分が犯した罪は自分で償うという責任を自覚させるところの責任主義の理念をも兼ね備えたものにする必要がある。いわば、慈しみ深い母親―慈母（保護主義）と厳しい父親―厳父（責任主義）の両面を合わせ持つことを少年法の基本理念に据えるべきなのである。「保護」と「責任」とを相互補完的に捉えてこそ、真の「少年の健全な育成」を期すること（少年法一条）ができるのである。

二つある少年法の基本理念

少年法の基本理念をこのように捉えると、次の二つのことが導き出される。その一は、「保護処分」といっても、それが自由の拘束を伴う一種の不利益処分であるから、少年保護手続においても、処遇決定の前提として、適正手続の保障の下で、なした行為についての厳格な認定をしなければならない。少年の主体性を認め、保護手続の中で少年に一人の人格者として尊重されていることを自覚させながら審判をする必要があるのであり、そのためには適正手続の保障、厳格な事実認定が不可欠なのである。その二は、少年「非行」といっても、それは社会の犯罪現象にほかならない以上、非行少年に対する処遇は、単に少年本人の保護、福祉をはかることにとどまらず、社会防衛、被害者感情、社会一般の正義感情等も総合的・統一的に考慮して行わなければならない。

年齢区分規定の年齢引下げを提言

これらの点を考慮した少年法の改正作業が進められ、二〇〇〇年一一月二八日改正法が成立し、翌二〇〇一年四月一日施行された。同改正の中核となったのは、前述した二つの点に対応した、①少年審判手続の改善と②少年法上の年齢の見直しであった。前者については、8 1(二〇〇頁以下)で述べた。後者の年齢問題については、筆者は、国会に参考人として呼ばれ、意見を求められたが、その際、三つの年齢引下げを提言した。少年法上、(イ)同法適用限界年齢は二〇歳、(ロ)死刑適用限界年齢は一八歳、(ハ)刑事処分相当による逆送年齢は一六歳と定められており、それは、いずれも少年保護の見地からの年齢区分規定であるが、高度情報化社会にあって、成人以上に情報人間化している少年は、少年法の定める年齢規定を逆手にとって、「悪いことをするなら二〇歳までに」、「死刑にならない限度で人殺しをするには一八歳までに」、「刑罰を受けないようにするには一六歳までに」と計算し、これらの年齢による線引き規定を免罪符にしている。そこで、筆者は、少年の規範意識を昂《たか》め、非行抑止に資するために、少年法上の年齢引下げを断行することが必要であると考え、(イ)を一八歳に、(ロ)は一六歳に、(ハ)を一四歳に、それぞれ二歳ずつ引き下げるべきであると提言したのである。筆者としては、改正のしやすさからすれば、まず(イ)が改正審議の俎上に乗るであろうとみていたのであるが、国会は、最も難しいと思われた(ハ)を改正法案とし、審議のうえ、可決成立させた。筆者としては意外であったが、それはそれとして、(ハ)の改正がなされたのは歓迎すべきことであった。そもそも、刑事責任年齢をどこに線引きするかは一国の法律制度として重要な事項であり、当然単一のものであるべきであるが、わが国では、刑法上は一四歳、少年法上は一六歳とダブルスタンダードになっており、これは立法政策として矛盾であるというほかない。なるほど、少年法上の逆送年齢一六歳は犯行時ではなく、逆送決定時を基準としているので、理論上は、一四～一五歳に犯した罪についても逆送、起訴することも可能であるが、実際上はそのような事態はありえないので、事実上特別法である少年法が一般法である刑法の刑事責任年齢を引き上げていることになる。最近の少年の肉体的・精神的成長は早く、しかも、刑事責任年齢についての世界の潮流も一四歳以下であり、わが国においても、明治以来一四歳と定めて刑法を運用してきてなんら不都合はなかったのに、一九四八年少年法制定のとき、アメリカ各州の標準的規定が一六歳未満処罰禁止であったことに倣ったにすぎないのであるから、刑法の規定と一致した年齢を逆送年齢にした改正は妥当である。

家裁の甘い判断と処分

しかし、同改正は、「一四歳以上であれば逆送することができる」というだけで、保護処分にするか刑事処分にするかはあくまで家裁の裁量によるため、家裁の判断次第では、ほとんど逆送・刑事処分が行われず、改正前と大差ない結果になる可能性があった。果たせるかな、家裁は、従来の保護第一主義の考え方から脱却することができず、法改正後の一四〜一五歳少年による凶悪事件について逆送に踏み切ることはなかった。とりわけ、二〇〇二年一〇月三日に発生した「愛知学園事件」についての家裁の処分は法改正の趣旨にそぐわないものであった。同学園は愛知県春日井市所在の児童自立支援施設であるが、一五歳少年を含めた四名の収容少年が集団脱走を企て、仲間内の喧嘩を装って当直勤務中の職員をおびき出し、同喧嘩を制止するため駆けつけた同人を絞殺し、鍵および現金を強奪して脱走したという強盗殺人事件である。強盗殺人事件は法定刑が死刑、無期というわが刑法上最も重い刑に当たる罪であるのに、家裁は、一五歳少年も、「未熟で可塑性がある」という理由で初等少年院送致の処分をした。かかる凶悪事件を逆送しないのなら、どういう事件を逆送することができるのであろうか。改正少年法が空文化してしまう。少年の更生という観点からしても、保護処分としての施設処遇である児童自立支援施設でかかる凶行に及んだ少年を、同じ保護処分としての施設処遇である少年院で更生させることができるのであろうか。家裁は少年の処遇イコール保護処分という考え方に凝り固まっているとしかいいようがない。

改正少年法の精神に則した裁判所の妥当な判断

ところが、事件の発生は「愛知学園事件」より約一か月早いが、同事件より約一か月遅れて家裁の決定があった本件について、遂に、一五歳少年を逆送する初の決定がなされた。そして、それを受けてなされた刑事裁判において有罪・実刑の判断が下されたのである。

同裁判の公判において、弁護人は「一五歳少年に対する刑事罰は教育的・福祉的配慮に欠けるので保護処分に付すべき」として、少年法五五条による家裁への移送を求めた。同条は、いったん家裁が逆送決定をし刑事裁判所に係属された少年事件も、同裁判所が保護処分に付するのが相当であると認めたときは、再び家裁へ移送する旨規定している。犯行それ自体については争いがない本件において、刑事裁判所の舞台において、一五歳少年犯罪への基本的対応として、少年の改善更生・社会復帰という「保護」を重視するか、それとも社会防衛、被害者感情という「責任」を重視するかという原点的問題が問われたのである。しかし、裁判所は、少年の行為を「鬼畜の所業で極めて冷酷。人格的に未成熟だが、犯行に積極的に関与していて刑事責任は極めて重い」と断じたうえで、「少年の改善更生・社会復帰と、社会防衛・秩序維持との釣合いのとれた適正な処遇の選択がなされる」べきで、「保護のみが重視され、社会正義が軽視されるのは許されず」、「保護処分に付することが、社会防衛、秩序の維持の観点から妥当性を欠く場合には、刑事処分に付するべき」として、弁護人の主張を一蹴した。少年らが陵辱の限りを尽くし、被害者の人格を全く無視した本件において、前述した「責任主義」の考え方を採り入れ、改正少年法の精神に則したこの判断は、まことに妥当な判断である。

不満の残る量刑

ただ、量刑の点については若干の不満が残る。強盗強姦事件の法定刑は無期懲役または七年以上の有期懲役である。裁判所は、後者を選択したうえで、酌量減軽をして、三年六月以上六年以下の不定期刑を言い渡し、さらに二三〇日の未決勾留日数を算入した。言渡刑が不定期刑の場合、少年法上、短期の三分の一を服役すると仮出獄をすることができる。そうすると、本少年は、言渡し刑は短期三年六月でも、実際にはわずか約半年で出所できることになる。被害者は「犯人を一生社会に出られないようにしてください」と悲痛な叫びをしているが、本判決が「量刑事情」中で、その被害者感情を強調しているわりには、少年院の在院期間より短い期間の服役で終わってしまうことになるような量刑は妥当であろうか。

ともあれ、本判決が少年法改正後もほとんどタブー視されてきた年少少年に対する刑事処分の道を開く先鞭をつけた意義は大きい。年少者犯罪に対する一般予防効果も大きいといえよう。

5　混迷・少年審判（二〇〇四年七月）
―マット死事件損害賠償訴訟控訴審判決―

「蚊帳の外におかれている被害者側」

節目節目で「有罪」・「無罪」の判断が分かれ、混迷の度を深めてきた裁判、今回もまた、全面的な逆転判決となった。山形・明倫中学の「マット死事件」の話である。

一九九三年一月一三日、明倫中学校の体育館用具室に丸めて立ててあったマット内に、児玉有平君（当時一三歳）の遺体が頭を下にした逆さの姿で発見された。

同年一月一八日、新庄署が、同校の生徒が暴行を加えたうえ、マット内に逆さに入れて死亡させたとして、一四歳以上の生徒A、B、C三名を逮捕、一四歳未満の生徒D、E、F、G四名を補導した。七名全員が自白し、逮捕少年三名は山形家裁へ送致され、補導少年四名は山形県中央児童相談所に通告された。

ところが、同児相では、D、E、F三名が否認に転じたので、これが家裁送致となり、非行を認めたG一名が在宅指導措置の行政処分（有罪相当）となった。

一方、家裁の少年審判では、補導少年D、E、F三名のほか逮捕少年A、B、C三名も否認に転じた。さらに、Gも否認に転じた。同家裁は、一九九三年八月二三日逮捕少年A、B、C三名を非行事実なしとして不処分決定（無罪相当）とし、少年D、E、F三名については非行事実ありとして保護処分有罪相当にした。

これに対し、D、E、Fはアリバイを主張して仙台高裁に抗告した。同年一一月二九日同高裁はアリバイを否定し抗告を棄却する決定をした。その際、A、B、Cについてもアリバイを否定し、事実上、七名全員の犯行関与を認める判示をした。

D、E、Fはさらにこの決定を争って最高裁に再抗告したが、これは棄却され、確定した。しかし、D、E、Fは、改めて、山形家裁に、非行事実なし（無罪）として、保護処分の取消しを申し立て、続いてGも、山形地裁に行政処分の無効確認を求めて提訴した（その後取下げ）。

D、E、Fの申立てに対し、山形家裁はこれを棄却、仙台高裁は抗告を棄却、最高裁も再抗告を棄却した。これによって、実質的には七名が有罪であることが確定した。

これを受けて、被害者児玉有平君の父親など遺族は、山形地裁に対し、A、B、C、D、E、F、G七名と明倫中学の設置管理者である新庄市を相手に損害賠償を求める訴訟を提起した。

被害者側が〝蚊帳の外〟におかれたような少年審判のやり方に反発し、事件の真相を知るため（金目的ではなく）の訴訟提起である。

三つの裁判機関が三通りの認定

ところが、七名は当初から争う構えを見せ、公開の地裁法廷で、全員が関与を否定する供述をした。同地裁は、用具室前で有平君を取り囲むのを見たとする目撃証言、七名の捜査段階における自白の信用性をともに否定する反面、全員につきアリバイを認め、結局、「事件性すら認定できず、（有平君がマット内で死亡したのは）事故過失としても矛盾はない」として、請求を棄却した。事実上の全面無罪である。裁判所が別であっても異なった新規証拠が出されたわけでなく、同一証拠を基に審理しながら、山形家裁（A、B、C三名につき無罪、D、E、F三名につき有罪）、仙台高裁（AないしG七名全員につき有罪）、山形地裁（七名全員とも無罪）と異なった判断が示され、このように三つの裁判機関が三通りの認定をしたことで、事件はいっそう混とんとしてきた。

二転三転どころか三転四転する裁判所の判断

原告の控訴を受けた仙台高裁は、詳細に実施した体育館の現場検証で得た心証、一審に続き再度行った目撃少年の証人尋問等を総合すれば、七人の関与が認められるとした。一審判決とは反対に、七名全員のアリバイを認めず、捜査段階の自白を全体としては信憑性が高いとし、また、捜査段階と少年審判における、「有平君がEらに身体を持ち上げられて頭からマットに入れられるのを見た」という目撃少年の証言は、民事訴訟になって翻したものの、信用できると認め、「E、Fが被害者の足を持ち上げ、C、Gが被害者の手などを押さえて被害者を逆さまにマットに押し入れて同人を死亡させたもので、A、B、Dを含む七名の間に共同暴行の意思が形成されていたといえる」と七人の役割分担まで言及して、有平君の死に対し、共同不法行為が成立するとした。実質的に全面有罪の判決である。結論的には、少年審判における抗告審としての仙台高裁の決定と同一であるが、今回の判決の方が有罪性の認定がより明確である。

最初に下された一九九三年八月の少年審判の決定以来一〇年余の間、大きく揺れ続き、当然申し立てるであろう上告審の判断も入れると、二転三転どころか三転四転することになり、裁判所が異なる以上、やむを得ないというものの、一体、真実はどれなのか、国民にはまことにわかりにくい裁判となった。

少年法の基礎理念の捉え方の違い

このような事態になったのは、当時の少年審判のあり方、そして、その前提となる少年法の基礎理念のとらえ方に原因があるように思われる。

かつての少年法の理念は、国親思想（パレンス・パトリエ）に基づく保護主義一辺倒であった。そこでは、少年は保護の客体でしかない。そして、少年審判の対象は要保護性であって、非行事実は手続を進めるための審判条件にすぎないと考えられてきた。

少年法における保護主義の理念は、もとより不可欠の基本理念である。しかし、凶悪化、集団化、否認化が顕著な今日の少年非行に対応するには、少年に自分の犯した罪は自分で償うという、責任を自覚させるところの責任主義の理念をも兼ね備えたものにする必要がある。いわば、慈しみ深い母親——慈母（保護主義）と厳しい父親——厳父（責任主義）の両面を合わせ持つ少年法理念であるべきなのである。「保護」と「責任」を車両の両輪にすえ、相互補完的に捉えてこそ、現代に適応した少年法の運用が期せられるのである。

少年法の基本理念をこのように捉えると、次の二つが導き出される。その一は、「保護処分」といっても、それが自由の拘束を伴う点において、少年にとって一種の不利益処分であることを考え合わせると、少年保護手続においても、少年の主体性を認め、適正手続の保障の下で事実の厳格な認定をしなければならない。その二は、少年「非行」といっても、それは社会の犯罪現象にほかならないのであるから、非行少年に対する処遇は、単に少年本人の保護・福祉をはかることにとどまらず、被害者の救済、社会公共の安全の確保、秩序の維持なども総合的に考慮して行わなければならない。

少年審判では、裁判官は一人三役

これらの要請を充たすためには、非行事実は厳格に認定されなければならず、非行を犯していないのに非行ありと誤認して保護処分をすることは許されないのはもちろん、真実は非行を犯しているのに、否認を通せば非行なしで不処分になるようなことは、少年の健全育成の観点からも、国民の少年審判に対する信頼保持の観点からも避けなければならない。ことに少年が否認し、激しく事実を争って、裁判官が非行事実の存否の判断がつきかねる場合は問題である。完全な職権主義的審問構造をとっていた従来の少年審判は、単独の裁判官と少年側の者だけの、非公開の、徹底した非公式・無形式なやり方で行われて、検察官の関与はなく、付添人も必要的でないため、裁判官は、検察官、弁護人の役割も負わねばならず、証拠収集をする必要がある場合も、そのための手足をもっていない。そこで職務に誠実な裁判官ほど、「ひとたび事実が争われると、現行の構造は制度的な限界を示してしまう」と慨嘆することになる。本件「マット死事件」は、そのような少年審判の欠陥を象徴的に示すケースであるといってよい。前述した一九九三年の山形家裁の決定は、非行事実の存否の判断につき、少年保護事件の決定としてはかつてないほど詳細をきわめているが、それは担当裁判官の苦渋を示すものでもある。

現状の少年審判体制の改革が必要

少年審判における事実認定を厳格かつ適正に行うには、審判主体を合議体にし、検察官関与を認め、対審構造のもと、一定のルールに従った両当事者の攻撃・防御の間に真実を見いだしていくという方式が不可欠である。二〇〇〇年の少年法の一部改正によって、ある程度はこの方式が採り入れられたが、同改正がもっと早く実施され、本件についてもこの方式によって少年審判が行われていれば、これほどまで迷走することはなかったであろう。

なお、本件では、少年保護手続が二回にわたって、家裁—抗告審—再抗告審と争われ、そのうえで、損害賠償請求訴訟が係属し、そのことが、裁判をさらに長引かせ、果てしない裁判闘争の様相を呈するに至っている。こういう場合には、一本の訴訟手続の中で、少年（刑事）事件と民事事件とが同時進行し、同時に裁判結果が出るような手続方式を検討すべきであろう。

6 少年法の基本理念（二〇〇五年九月）

——光高・爆発物事件家裁決定——

片や刑事処分、片や保護処分

二〇〇五年八月五日の各紙は二つの少年事件につき家庭裁判所が審判決定を出したことを報じた。その一は、大阪・寝屋川市立中央小学校で同校の卒業生である一七歳の男子（無職）が包丁で同校の男性教諭を刺し殺し、女性教職員二人に重傷を与えた事件につき、大阪家裁が刑事処分相当として検察官送致（逆送）決定をしたというものであり、その二は、山口・県立光高校で同校三年の一八歳の男子生徒が手製の爆発物を教室に投げ込み、生徒多数を負傷させた事件につき、山口家裁が検察官の「刑事処分相当」意見を排斥して保護処分（中等少年院送致）決定をしたというものである。

両事件はほぼ同一時期に学校を舞台にして、その学校に関係のあるほぼ同一年代の者によって敢行され、犯行の手段は異なるものの、いずれも人身に対する危険度の高い凶悪事案である点においても共通性があるのに、片や刑事処分、片や保護処分と分かれたのは何故か。とりわけ、中央小事件は「原則逆送」に該《あた》るとの判断は妥当であるとしても、光高事件が保護処分に止まったのは何故か。少年法の基本理念に立ち返って検討してみよう。

少年法は「愛の法律」

一九四八年アメリカの少年法に範をとって制定された現行少年法は「国親思想（パレンス・パトリエ）」を基本理念とした。国家は究極の親であり、適当な保護を欠く子どもに対して親に代わる監護教育の責務があるとする。この国家の後見的・福祉的機能を強調する国親思想によれば、犯罪を行った少年に対しても刑罰でなく〝保護〟を与えなければならないと説く。保護処分は「愛の鞭」であり、少年法は「愛の法律」であるといわれてきた。その結果、犯罪少年に対する家裁の処分は、審判不開始・不処分が八〇パーセント強と圧倒的に多く、保護処分が一二〜一三パーセント（うち少年院送致は三パーセント台）、逆送に至っては僅か〇・一〜〇・三パーセントで推移している。

保護を念頭においた少年法の運営は破綻を免れない

しかし、一九七〇年後半から国親思想の母法国であるアメリカでさえ少年非行の悪質化が増進し社会問題化するに伴って保護主義は厳罰主義化にとって代わられ、今や国親思想という言葉自体が消滅したといってよい状況にある。一方わが国においても、数の点においてはともかく、質的面において、少年非行の態様が〝遊び型非行〟、〝短絡的・利那的非行〟、〝いきなり型非行〟に様変りし、〝凶悪化〟〝低年齢化〟〝否認化〟の傾向が強まってきて、〝保護〟のみを念頭においた少年法の運営は破綻を免れないものとなった。

少年法における保護主義の理念はもとより不可欠の基本理念である。しかしながら今日の少年非行に対応するには保護主義に加えて、少年に自分が犯した罪は自分で償うという責任を自覚させるところの責任主義の考え方をも兼ね備えたものにする必要がある。〝保護〟はいわば母親の持つ慈しみ深さ（慈愛）を表すものであり、〝責任〟はいわば父親の持つ厳しさを表すものであるが、慈母＝保護主義と厳父＝責任とを二本柱とするものを少年法の基本理念にすべきなのである。〝保護〟と責任を相互補完的に把《と》らえてこそ、現代の少年非行の実態に適応した少年法の運用が期せられるのである。

少年法は刑事法的な性格と教育・福祉法的な性格を複合的に内包しているが、教育・福祉法の一環をなすものではなく、実体法的には刑法の、手続法的には刑事訴訟法の特別法として把らえるべきである。少年法が少年に対して原則として刑罰に代えて保護処分を行うことにしているのは、少年の未熟性や可塑性に着目し、教育的処遇をすることが少年を更生させるとともに、それによって社会の安全・防衛が期せられると考えられるからである。

少年法の改正。少年審判への検察官関与と逆送年齢の引下げ

少年法の基本理念をこのように把らえ直すと、次の二点が導き出される。第一に「刑事処分」はもちろん「保護処分」でも、少年にとって一種の不利益処分であることを考えれば、少年審判手続においても処遇決定の前提として適正手続の保障の下で事実（行為）の厳格な認定をしなければならない。保護一辺倒の考え方に立てば少年を保護の客体として扱わないからその要請は軽視されるが、保護と責任の二本立てを基本とする考え方によれば少年であってもその主体性を認め、審判手続の中で少年に一人の人格者として尊重されていることを自覚させながら審判する必要があり、そのためには適正手続の保障、厳格な事実認定は不可欠なのである。

第二に、少年「非行」といってもそれは社会に生起する犯罪現象の一つにほかならないのであるから、非行少年に対する処遇は単に少年本人の保護・福祉を図ることに止まらず、被害者の救済、一般国民の正義感情の満足、社会の安全維持なども総合的・統一的に考慮したものでなければならない。

このような観点から二〇〇〇年に少年法の重要な改正がなされた。第一の要請によるものが少年審判への検察官関与であり、第二の要請によるものが逆送年齢の引下げ（一六歳→一四歳）

である。

適正な事実認定をするには、少年審判に検察官関与を認め対審的構造の下で審判することが求められる。非行を犯してもいないのに非行ありと誤認することは許されないのはもちろん、逆に、非行を犯しているのに非行認定ができず非行なしで不処分になるようなことは、少年の健全育成の観点からも国民の少年審判に対する信頼保持の観点からも避けなければならない。ことに少年が否認し、激しく事実を争っている場合は問題である。職権主義的審問方式をとっている従来の少年審判は、単独の裁判官と少年側の者だけの、非公開の、徹底した非公式・無形式なやり方で行われてきた。裁判官は一人二役または三役が要求されるうえ、証拠収集をする必要がある場合もそのための手足を持っていない。家裁調査官は少年の資質・環境調査の任に当たりこそすれ、非行事実の存否に関し捜査官的取調べをさせることはその職責上適切でない。そこで職務に誠実な裁判官ほど「ひとたび事実が争われると、現行の構造は制度的な限界を示してしまう」と慨嘆している。そこで、二〇〇〇年の改正において、一定の重要事件については審判主体を合議体にし、検察官関与を認め、弁護士たる付添人を必要的なものにするなどの新制度を導入した。

少年法適用年齢を一八歳に、逆送可能年齢を一四歳に引き下げるべきと提言

少年審判に検察官を関与させることは少年の情操保護の観点から好ましくないという批判があるが、それは全く逆である。非行事実が適正に認定されるかどうかは少年自身にとっても第一の関心事であるから、検察官が関与することが適正な事実認定に貢献するのであるならそれを積極的に導入すべきなのである。

次に年齢引下げについて。少年法は、二〇歳を少年法適用限界年齢、一八歳を死刑適用限界年齢、一六歳を逆送限界年齢と定めていた。高度情報化社会において情報人間化した少年は「処分の相場」に異様なくらい敏感であり、少年法上の年齢制限規定を逆手にとり、これを非行を犯すための免罪符にしている。そこで、年齢の引下げを断行すべきであり、私は国会で少年法適用年齢を一八歳に、逆送可能年齢を一四歳に引き下げるべきであると提言した。とくに後者については、刑事責任年齢が刑法上は一四歳、少年法上は一六歳とダブルスタンダードになっていたのは立法政策としても明らかに矛盾であることを強調した。二〇〇〇年の法改正では、前者は留保されたが後者の引下げが実現された。

さて、光高事件における審判手続および決定内容は妥当であったか。まず、検察官から審判関与の申出があったのに家裁はこれを認めなかった。検察官が関与しても事実認定に資するために必要な限度で尋問、意見陳述等ができるだけで処遇に関することについては関与できない

し、この事件においては事実認定面に問題はないと判断したからであろうか。検察官関与は少年の情操保護上好ましくないという観念的な偏見によるものでなければ幸いである。

次に、保護処分（中等少年院送致）という決定は妥当な処遇決定といえるか。少年法適用年齢を二〇歳から一八歳に引き下げることも検討されている今日において、殺傷能力のある爆発物を製造しこれを使用して複数人に重傷を与えたという、法定刑に無期刑まである凶悪事件を犯した、成人に近い一八歳少年については、その「罪質・情状」に照らして刑事処分相当と判断すべきではなかったか。原則逆送は「被害者を死亡させた」場合になされるが、被害者が死亡したか否かは偶然の事情によることが多いので、少年対策上は重視すべきことではない。そうすると、本件につき刑事処分を回避したのは、依然として保護一辺倒の呪縛から抜け出ていないからではないか。

9

生命と法——安楽死——

1　安楽死についての新動向（一九九九年一〇月）
―オランダから―

安楽死について世界の最先端を走るオランダ

私は、毎年夏はオランダのユトレヒトで過ごしているが、今年はアメリカ、ジャマイカを経由したため、例年より遅く、八月七日（土）にオランダ入りした。その直後、オランダの代表的新聞が「安楽死、一二歳から可能――子供が自分の生命の終わりを決定できる」（Enthanasie vanaf 12 jaar mogelijk–Kind mag einde leven zelf bepalen）というヘッドラインで、同国法務省、福祉保健文化省が安楽死に関する新法案を同月九日に国会に提出した旨を報じたのを見て、一種の興奮を覚えた。

安楽死については、オランダが常に世界の最先端を走っているが、各国の関心を特に集めたのは一九九三年である。このとき日本の新聞各紙に「オランダ下院、安楽死法案を可決成立」という大見出しが躍った。日本だけでなく各国のマスコミが同趣の報道の仕方をしたため世界中に衝撃が走った。ヨーロッパでは、第二次世界大戦中、「オイタナジー」の名の下に、ユダヤ人のみならず、自国の心身障害者を排除しようとしたナチスの民族浄化政策を経験しているだけに、イタリアのバチカンから「オランダはナチスと同じことを行おうとしている」との批判までが飛び出した。日本では、「オランダはこわい国、うっかり入院もできない」という声が囁かれ、翌九四年、オランダの安楽死の実況放映ともいうべきドキュメンタル番組がテレビ放映されるや、多くの人にショックを与え、同番組に登場した患者（安楽死者）と同一疾病の罹患者を中心として猛然と反対的批判が沸き起こった。これは、安楽死に対するオランダの積極的な姿勢が、生命を絶対視する既成の法的・道徳的規範への挑戦としてとらえられたことによる社会の衝撃の現れである。

しかし、このときのマスコミの報道の仕方は、かなりミスリーディングであったというほかない。何故なら、その報道は、あたかも、オランダでは安楽死を合法化する「安楽死法」という単行法が誕生したかのように受け取られかねないものであったからであるが、実際はそうではなく、「遺体処理法」（de Wet op de Lij Kbezorging, The Act on the Disposal of the Death）の一か条を改正して、安楽死を実施した場合の医師の報告を義務づける規定を置いただけである。

判例法による重大な転換が生じる

そもそも、オランダ刑法は、その制定当時（一八八一年）から今日に至るまで一貫して、日本刑法と同様、「嘱託殺人罪」（二九三条）及び「自殺関与罪」（二九四条）を持っており、遺体処理法の前記の改正によっても何ら変更することがなかった。このことは、安楽死の所為は、その態様により右両罪のいずれかに該当するものとして、刑法上違法な可罰的行為とされてきたのである。一方、オランダ刑法四〇条は違法性阻却事由としての「不可抗力の抗弁」（force majeure, Defence to Necessity）を定めているので、安楽死を実施して刑事訴追された医師は同抗弁を出して正当性を主張するのが常態であったが、裁判所はこれを容認することはなかった。

しかし、その後、判例法による重大な転換が生じた。一九八四年、オランダ最高裁は「耐え難い肉体的苦痛を受けている患者から苦痛を除去するには死以外に方法がないときは、その苦痛から患者を助けるべき義務の方が、法を遵守し患者の生命を尊重すべき義務よりも優越する」と判示し、遂に不可抗力の抗弁を受け入れたのである。

この判例法に従って、王立医師会、法務省は安楽死を実施する場合のガイドライン及び通知手続を策定し、これが一九九〇年から実施され、事実上法的効力をもつものとして運用されてきた。すなわち、医師が一定のガイドラインに従って安楽死を実施し、その顚末を所定の報告様式に従って自治体の検死官に通知した場合は、検死官からその報告を受けた検察官は、医師から提出された報告書に特段不信な点がない限り、当該安楽死を不可抗力の緊急行為として刑事訴追しない処分をしてきたのである。一九九三年の、前述した遺体処理法の一部改正は、このような実務慣行をいわば法的に是認したものであり、またそれにとどまるものである。それだけに、日本を含む諸外国の異常なまでの騒ぎようは、オランダでは、ある種の困惑をもって受け取られた。

それにしても、同改正は、刑法が依然として可罰的違法行為としているものを実質的に合法化するものである。この、一方で違法とし、他方で合法とすることになる立法措置への批判に対して、オランダ当局は「一方で許しながら他方で非合法とする。この二面性がセーフガードとなり、患者は死に追いやられる不安を抱くことなく、同時に尊厳ある死を要求することができる。」と釈明してきた。柔軟で弾力的で融通性に富んだオランダ式現実主義がかかる矛盾する立法・運用を生み出したのである。

対立する法秩序

しかし、一方で刑法という規範性の強い法律上違法とする建前をとりながら、他方で合法視する運用を認める法があるということは、一国の法秩序として耐え難いものがある。実質的に考えても、生命現象はその誕生も維持も終焉も神の手に委ねられているもので、人力の及ばざるものという「生命不可侵」を絶対視する宗教的・倫理的生命観を前提とする限り、安楽死の正当化根拠も同情・憐憫という倫理に基づく「慈悲殺」的な消極的なものでしかあり得ないが、そこから脱却し、生命の意義は「長さ」にあるのではなく「質」にあるのだという認識に立ち、人の生・死は他から強制されるのではなく、本人の「自己決定」（Self-Determination）にその本質が据えられるべきであるとの考え方に転換すれば、安楽死も積極的な意義が見出せるはずである。そうであれば、安楽死を、法律上、違法であるが合法という曖昧な状態に置くのではなく、刑法上の違法性阻却事由として明確な位置づけをすべきである。私はかねてよりそのことを主張していた。そういう状況下で、今回の法案（安楽死及び自殺幇助の審査並びに刑法及び遺体処理法改正に関する法律案）の上程があったのである。

安楽死及び自殺幇助に関する法律二条

先に述べた新聞のヘッドラインの意味することは、一二歳以上の未成年者で安楽死を要請した場合、親権者がそれに同意しなくても、医師は安楽死が本人の利益になると確信すればその要請に応じて安楽死を実行することができるとするもので、これも注目すべきことであるが、現実には、親が同意しないのに子供の安楽死を実行することはほとんどないであろう。同法案にはそれ以外に、重大な刑法の改正案が盛り込まれている。すなわち、嘱託殺人罪の二九三条と自殺関与罪の二九四条に、それぞれ二項として

「安楽死及び自殺幇助に関する法律二条に定める注意慎重の基準を満たす医師によってなされ、しかも遺体処理法第七条二項に準じて市の検死官にその行為を報告する場合には罰せられない。」

という規定を新設するというのである。安楽死及び自殺幇助に関する法律二条に定める「注意慎重の基準」（Zorgvuldigheidseisen）とは、

a　患者の願いが自由意思に基いて、熟慮の上の、持続的なものであるという確信を得るに至ったこと。

b　患者の苦しみが寛解の見込みなく堪え難いものであるという確信を得るに至ったこと。

c　患者に対し、病状の現状態とその予後について説明したこと。

d　患者の現状態に対して他に妥当な解決方法は何も無いということについて患者と共に確信を持つに至ったこと。

e　少なくとも別の一人の独立した医師に協議をすることのほかに、その医師が患者を診察し、aからdの注意慎重基準について同医師なりの判断をしたこと。

f　生命終結の行為が医学的に注意深く慎重になされたこと。

以上の要件を満たし、所定の報告をすれば罰しない、すなわち犯罪は成立しないとするのであるから、まさに刑法上安楽死を違法性阻却事由の一つとする旨を明定しようとするものであり、これが可決成立すれば、世界で初めて安楽死を非犯罪化することになり、まことに画期的なことである。他国の例では、アメリカ・オレゴン州が、一九九四年、自殺幇助の許容要件を定める尊厳死法（Death with Dignity Act）を成立させたがそれは安楽死を合法化したとはいえないものであり、またオーストラリア・北部準州は、一九九五年、安楽死の合法性を肯定する「末期患者の権利法」（Right of Terminally Ill Bill）を成立させたが、一九九七年、準州の立法に対し優越権をもつ議会が安楽死を違法としてこれを失効させた。したがって、現在のところ、安楽死を正面から合法視する立法例は存在しないだけに、オランダの今回の法案の帰趨は注目されるのである。もちろん、国会での審議では、かなり強い反対論が出ることも予想され、結果が出るまでになお紆余曲折があるであろう。

なお、同法案は、刑法二九三条二項でいう生命終結及び同法二九四条二項でいう自殺幇助の行為について医師からの報告を審査するため、法律家、医師、倫理・宗教関係の専門家を含めた奇数の人数による委員会を設け、同報告が前記の注意慎重基準に合致しているか否かを審査させる旨の規定も設けている。このことは、従前、安楽死を含めた不自然死についてはすべて検死官から検察官に報告されていたものが、医師と検察官の間に同委員会が介在すること、同委員会が、当該報告が注意慎重基準を満たしていないと判断する場合は検察長官会議に通知され、検察官の捜査の対象になるが、同基準を満たしていると判断した場合は検察官の捜査の対象からはずれることを意味する。このような制度に対しては、検察官の捜査権限を侵害するものとして検察官から批判が出ることも予想される。また、かかる委員会を設けるのなら、事後ではなく、事前に審査する仕組みにすべきだという批判も出ることがあり得よう。

安楽死で重要なのはホーム・ドクター

翻ってオランダの地から祖国日本の現状を思うとき、両者の懸隔の大きいことを痛感せざるを得ない。オランダは安楽死を刑法上合法化する方向にすら動いているのに、わが日本は依然として古い生命観が支配し、治療を中絶することによって生命を短縮させる消極的安楽死や苦痛除去の末期的医療処置が不可避的に生命の短縮を惹起する間接的安楽死はともかく、積極的に生命を終結させる積極的安楽死はこれを違法視する域から一歩も出ていない。その原因は、死生観のほかに、医療社会学的な要素の違いがある。オランダの医師は一般医（ホーム・ドクター）と特別医によって構成されるが、安楽死の関係で重要なのはホーム・ドクターである。ホーム・ドクターはすべての地方に定住し、自宅又はヘルス・センターで仕事をしており、患者は、まず、ホーム・ドクターの診断・治療を受け、その判断により専門医に紹介されるという仕組みになっている。患者はホーム・ドクターを自由に選択できるし、ホーム・ドクターは同一の患者を長年にわたって診療しているから、傷病だけでなく、その性格や心の動きまで知っている。その間に形成された信頼関係を基盤として、安楽死を望む患者は自己の病歴を熟知しているホーム・ドクターとじっくり話し合う。したがって、安楽死を実施するのは専門医ではなく、ホーム・ドクターの方が圧倒的に多い。

インフォームド・コンセントすら不十分で、医師と患者との関係は上下の関係にあり、患者の中に医師に対する根強い不信感がある日本においては、安楽死を論議する前提として、かかる医療社会学的な土壌を改善する必要があろう。

—オランダ・ユトレヒトにて

2 安楽死再論（二〇〇一年一月）
―その背景の日蘭比較―

「日蘭法学フォーラム」の開催

二〇〇〇年は、オランダ商船リーフデ号が豊後沖に漂着した一六〇〇年から四〇〇年を数える年として、日蘭両国で記念行事がもたれたが、日本では、オランダとゆかりの深い長崎が昨年一月から本年三月にかけて、様々なイベントを展開した。その一環として、昨年一一月、日蘭の法学者をパネラーとする、「日蘭法学フォーラム」が開催された。

同フォーラム開催日の前日、長崎入りした日蘭法学者の一行は、日蘭友好四〇〇周年記念事業として特別に実演された、「長崎くんち」（重要無形民俗文化財）を見ることができた。京都の祭りに見られるような優雅さとは異なり、エネルギーが爆発するような迫力に満ち溢れ、それでいて数十人の息がピタリと合い、一糸乱れぬ統制ある動きがそこにあった。

生命の躍動美の結晶ともいうべき長崎くんちに接した翌日、パネラー一行は、二〇〇人の長崎市民を前にして、「生きる」ということ、裏を返せば、「死ぬ」ということの究極の問題である「安楽死」について議論をした。オランダは、安楽死について世界の最先端を走っているが、日本とオランダにおける安楽死についての考え方、取組み方の差異を考えることによって、日・蘭両国の生命観、法意識、法文化の違いを浮き立たせようとしたのである。安楽死の取扱いについてのオランダの歴史的経緯と最近の動向については、[9] 1（二四六頁以下）で述べたので、ここでは、同フォーラムにおける私の基調講演及び討論をベースにして、日・蘭両国の違いとその由ってきたる理由を浮き彫りにしてみよう。

安楽死の概念

まず、安楽死の概念を明らかにしておこう。安楽死には三種ある。その①は、消極的安楽死で、延命のための輸血を取り止める場合のように、治療を行わないことによって生命を短縮させることをいう。この意味の安楽死は、患者の延命拒否の意思を尊重し、無益な末期治療を停止し、尊厳ある死を迎えさせる「尊厳死」とほとんど差異がない。その②は、間接的安楽死で、苦痛除去のため、モルヒネ等強い鎮痛剤の投与量を引き上げた結果、その副作用により患者の寿命が縮まる場合のように、苦痛除去のための末期医療措置が不可避的に生命の短縮を惹起することをいう。そこで、これを「治療型安楽死」ともいう。その③は、積極的安楽死であり、安らかに死なせるために注射や投薬等により積極的に生命を終結させることをいう。そこで、これを「殺害型安楽死」ともいう。オランダでは、①、②のタイプは、医療の一方法で、当然許される行為として、安楽死として問題にせず、③の積極的安楽死のみを安楽死として扱っている。また、その安楽死を実施するのは医師のみであることを当然の前提としている。

ところで、オランダ刑法も日本刑法も、「嘱託殺人罪」及び「自殺関与罪」の規定を設けており、しかもその構成要件はほとんど同じである。したがって、患者の求めに応じてこれを死に至らす安楽死（積極的安楽死）は嘱託殺人罪に該当し、自殺の意思のある者の求めに応じ、致死薬を与えるなどし、それによって、その者が自殺を遂げた場合は、自殺関与罪が成立する。オランダでは、年間約二三〇〇人（全死者の五〇人に一人）が安楽死し、ほかに四〇〇人の自殺者に医師が手を貸しているので、それほど多数の嘱託殺人・自殺関与が医師によって行われているわけである。それは、明らかに刑法上違法な可罰的行為である。現に、かつては、検察官がそれらを犯罪として捜査し、起訴してきたし、裁判所は、起訴された被告人が違法性阻却事由である「不可抗力」の抗弁を出しても、「医師は練度の高い専門家として、苦痛をなくすために死を与えてほしいという患者からの圧力に抵抗することが期待される」として、有罪としてきた。

オランダ最高裁、安楽死無罪判決

ところが、一九八四年、オランダ最高裁が、「耐え難い肉体的苦痛を受けている患者から苦痛を除去するのに死以外に方法がないときは、その苦痛から患者を助けるべき義務の方が、法を遵守し患者の生命を尊重すべき義務より優越する」として、安楽死を無罪とする逆転判決を出したのを契機に、一九九〇年に、王立医師会等により、安楽死を実施した場合の医師の報告手続が策定され、次いで、一九九三年、死体処理法の改正により、同報告が義務付けられるなどして、所定の要件を備えた安楽死や自殺関与は事実上合法視され、現在に至っている。

このように、オランダでは、安楽死・自殺幇助は刑法上は厳然として違法であるのに、事実上合法とする取扱いをしてきた。この、一方で違法とし、他方で合法とすることになる取扱いへの批判に対して、オランダ当局は、「一方で許しながら他方で非合法とする。この二面性がセーフガードとなり、患者は死に追いやられる不安を抱くことなく、同時に尊厳ある死を要求することができる。」と釈明してきた。柔軟で、弾力的で、融通性に富んだオランダ式現実主義が、かかる矛盾する運用を生み出したのである。しかし、人の生命を保護法益とする犯罪につき、刑法上可罰的行為としたままで、運用の妙により不可罰とするような取扱いは、少なくとも日本では採用できない。現に、わが国では、安楽死事件はこれまでに八件起訴されているが、いずれも有罪とされている。さすがのオランダも、安楽死や自殺関与を、法律上違法であるが合法というあいまいな状態におくことに抵抗を感じたのであろう。現在、国会で安楽死・自殺関与を刑法上の違法性阻却事由として位置付ける方向での審議が進められている。

日本の安楽死観

それにしても、オランダは、二〇年も前から安楽死を積極的に進めているのに、日本は末期治療の実態調査すらせず、安楽死問題をタブー視しているという違いはどうして出るのであろうか。その原因の第一は、医療社会学的な要素に求められる。その一として挙げるべきものが、ホームドクター・システムであるが、これについては、9 1（二四六頁以下）で述べた。わが国では、ホームドクター制度をベースとする、医師と患者との間の信頼感がなく、むしろ患者側に医療関係者に対する不信感が抜け難く存する。その二は、インフォームド・コンセントが徹底していることである。医師は、検査の結果の正確な情報を求める患者に対して、どのような病気で、どのような治療を行うのか、助かる可能性はどうか、可能性がないとすれば、あとどのくらい生きられるかを率直に告げられる。そのうえで、患者は、安楽死を求めるか否かの意思決定をする。死を宣告されたとき、人はいろいろなショックを受けるだろうし、また、いろいろな不安がよぎるだろうが、その一つに、「苦しみながら死ぬ」という恐怖がある。安楽死は、その恐怖だけは確実に救うことができる。苦しみながら死ぬという恐怖から解放されるから、逆に、「生きる」ことに前向きになりやすい。インフォームド・コンセント法理の導入は、医師が独断で患者の治療方針を決定することがあり得ないことを意味するが、わが国では、インフォームド・コンセントの導入それ自体に反対する医療関係者が少なくない状況にあり、患者の同意書の偽造事件すら発生している。その三は、医療保険制度との関係である。アメリカの医師からよく出る質問は、「患者が経済的な負担に耐えられずに安楽死を求める場合はどうするか」である。これは、アメリカとオランダの医療制度の違いを象徴する質問である。アメリカでは、医療保険に加入していない人が多い。オランダでは、失業者、年金加入者を含むすべての納税者が一般医療保険、長期医療経費をカバーする特別医療保険（ＡＷＢＺ）に加入している。経済的負担についての不安がないからこそ、「自分の考える人生の質を全うできないから」安楽死を望むことが起き得るのである。日本の医療保険制度は、オランダとアメリカの中間くらいであろうが、個人負担分が大きくなれば、安楽死がゆがめられて運用されるおそれが出てくるであろう。

第二は、死生観についての差異である。本誌五七六号で述べたように、安楽死の正当化根拠は、生命不可侵を絶対視する倫理的生命観を前提とする、「慈悲」の観念を超えて、「自己決定」の観念に転換すべきであるが、「他」から分離したものとしての、「自我」の確立と個人の尊厳の精神が育ったオランダには、「自己決定権」を根本理念とする安楽死を受け入れる素地があるのに対し、「自我」と「他」とは対立するのではなく、調和することを理想とし、「生」と「死」は連続的にさえ受け止められるわが国では、それは受け入れられ難く、人為的な死は本能的に嫌忌される。その結果、安楽死論議は、それ自体が強い抵抗や拒絶反応に遭う。また、安楽死を実証的に検討するということは、医療の現状にメスを入れることを意味するが、これは、医療関係者だけによって構築されてきた医療現場の秩序と聖域を乱すことになり、これに医療関係者の強い反発があるのである。

日蘭間の安楽死についての落差

このように、安楽死についてのオランダと日本の差異は小さくないが、その落差はますます大きなものになろうとしている。安楽死の合法要件についても、オランダのそれと、日本（「東海大事件」の横浜地裁判決）のそれとを比較すると、①不治の病、②耐え難い苦痛、③本人の要請の三点が必要である点では両者共通しているが、横浜地裁判決ではそれ以外に、④肉体的苦痛、⑤死期切迫、⑥代替手段不存在を必要要件としているが、オランダでは、これらを要件としていない。とりわけ、④に関し、オランダ最高裁は一九九四年六月、いわゆる、「シャボット事件」の判決において、肉体的疾病がなく、精神的疾病のみがある患者に対しても適法な自殺幇助が可能であることを示唆し、さらに、ハーレム地裁は二〇〇〇年一〇月、いわゆる、「ボンガスマ事件」の判決において、精神的疾患すらなく、ただ生きる望みを失った者についても適法な自殺幇助があり得ることを判示した。

下り坂をとめどもなく駆け下りていくようなオランダは、どこかで歯止めをかける必要があると思われるし、ただタブー視して、はれものに触らないようにしている日本は、せめて実態を直視し、国民的議論の俎上に乗せる必要があるように思われる。

〔追記〕

本稿脱稿後の二〇〇〇年一一月二八日、オランダ下院は、一定の要件の下の安楽死を合法とする旨を刑法に規定する法案を可決した。上院での可決も確実視されている。世界で初めて安楽死を非犯罪化する画期的な立法である。私は、日蘭法学シンポジウムを通ずるなどして、かねてより、生死にかかわる問題につき法律上違法であるが事実上合法であるというような取扱いは好ましいことでなく、法律上合法であることを明定すべきであると主張してきたので、ついにその時期《とき》がきたかと感慨深い。これによって、世界の安楽死立法に拍車がかかることになるが、日本は今のままでいいのであろうか。

3 川崎安楽死事件（二〇〇二年六月）
—積極的安楽死の合法要件とは—

くい違う医師側と家族側の主張

去る二〇〇二年四月二〇日、神奈川県川崎市の病院で、三年半も前に発生した「安楽死」事件が発覚した。

一九九八年一一月二日、川崎公害病の認定患者である五〇歳代の男性が気管支喘息の発作を起こし、意識不明、心肺機能停止の状態で同病院に搬入された。病院側は気管にチューブを入れ、人工呼吸器を装着。同月六日、意識は戻らなかったものの、いったん蘇生したので、主治医の女医は気道が詰まらないようチューブは残して、人工呼吸器を外した。同月一六日、女医がチューブを取り外した（抜管）ところ、患者は体を反らし苦しんだので、鎮静剤を投与、続いて筋弛緩剤を投与し、間もなく患者が死亡した。死因は気管支喘息発作による「無酸素性脳症」とされた。

この件については、病院側が患者死亡直後にそれに気付いていながら、三年半も事実を明らかにしなかったことも疑問を生んでいるが、それ以上に、女医がとった最後の段階の処置の適否、それについての患者の家族と女医とのやりとりに大きな食い違いがあることが問題を呼んでいる。

家族側は、「女医が家族全員を集めて『これ以上の延命は忍びない』『チューブを抜きましょう』と言って抜管し、次いで『楽にしてあげましょうね』と言って鎮静剤、筋弛緩剤を注射した。抜管は治療方法の一つであり、注射は苦悶の動作をする患者を楽にするためであって『死を与える処置』とは思わず、女医から安楽死をするとの説明もなかった。」と主張した。安楽死は患者本人又はその家族の要請に基づいてなされるのが通常であるのに、これでは医師のほうが積極的に安死術を施したことになる。

一方、女医の側はこの件につき堅く口を閉ざしていたが、同月二三日になって、その弁護士が記者会見をし、「九八年一一月六日午後三時ころ、患者の呼吸状態が数日前から安定していたので、自発呼吸ができると判断して抜管したが、患者が呼吸困難に陥ったため、再び挿管した。患者の妻から『もう一度抜いてください』と頼まれたが、女医は『チューブを抜くことは最期になるということ。奥さんだけで決めず、家族で来られる方は全員集まってください』と伝え、同日午後五時三〇分ころ、家族が集まったところで『抜管すると呼吸が弱くなる。最期を見守ってください』と話して抜管した。家族から異議や質問はなかった。その後、『楽にしてあげるために薬を使う』と伝え、鎮痛剤と筋弛緩剤を投与した。」と述べた。これによれば、少なくとも抜管については家族の要請があり、筋弛緩剤投与についても黙示の同意があったようにみえる。一体、どちらの主張が事実を語っているのか。

そもそも、9 2（二五五頁以下）で述べたように、安楽死には、①治療を取りやめることによって生命を短縮させる消極的安楽死（不作為による安楽死）、②苦痛除去のための末期医療措置が不可避的に生命の短縮を惹起する間接的安楽死（治療型安楽死）、③注射や投薬等により積極的に生命を終結させる積極的安楽死（殺害型安楽死）の三種がある。本件の場合、抜管行為は消極的安楽死にあたる可能性があるにとどまるが、鎮静剤・筋弛緩剤を注射した行為は患者に死を迎えさせる意図のもと致死量の同剤を投与した以上、積極的安楽死にあたる。

ところで、安楽死行為は、右のいずれのタイプのものであれ、本人の意思に反して行われた場合は殺人罪（刑法一九九条）、本人の要請に基づいて行われた場合は嘱託殺人罪（同二〇二条）にあたり、さらに、本人の要請に応ずるものの、医師自らの手を下すのは忍びないとして致死薬を患者に与え、患者本人がそれを服用して死に至った場合は自殺関与罪（同条）にあたる。ということは、安楽死行為は刑法上可罰的な違法な行為であることを意味する。

安楽死という犯罪行為

ところが、今回の件を報ずる新聞、テレビ等マスメディアの多くが、表現の若干の違いこそあれ、「安楽死か犯罪か」というように安楽死と犯罪とを択一的に表現している。すなわち、安楽死は適法な善《よ》いことで違法な行為とは一線を画するものであり、本件はその境界線上にあるケースであるように取り扱っているのである。これは基本的な誤りを犯しているものであり、読者や視聴者に誤解を与えるものであるといわなければならない。犯罪構成要件的には、安楽死は明白に犯罪行為である。特に積極的殺人罪は、死の結果が招来することを認識しつつ（殺意をもって）、致死薬を投与し（殺人の実行行為をし）、それによって（その因果関係のもとで）、患者を死に至す（結果の発生）のであるから、殺人罪又は嘱託殺人罪の構成要件にあたることは明白である。

ただ、構成要件該当性はあっても、違法性があるといえるかが問題となる。安楽死の先進国（？）であるオランダの国会は二〇〇一年四月、一定の要件の下の安楽死を合法とする刑法改正法を可決した。世界で初めて安楽死を非犯罪化する画期的な立法である。わが国では、安楽死を合法とする明文の規定はないが、刑法上違法性阻却事由として定められている正当防衛、緊急避難、正当行為と並んで、理論上の違法性阻却事由（超法規的違法性阻却事由）として位置付けることができないかが議論されている。

東海大学安楽死事件

この点に関し、このたびの事件との関連において注目を浴びているのが、いわゆる東海大学安楽死事件についての横浜地裁一九九五年三月二八日判決である。わが国で刑事裁判の舞台に上った安楽死事件は数件ある（すべて有罪）が、そのほとんどは医師以外の者（主として患者の家族）が致死薬を患者に投与して行われたもので、医師による安楽死事件は東海大事件一件あるのみであり、それだけに、同じく医師による安楽死事件である本件の成否の判断についても同判決が取りざたされるのであり、とりわけ、そこで示された積極的安楽死の合法要件が多くのマスコミによって取り上げられている。

同判決はあらゆる種類の安楽死の合法要件について判示しているが、積極的安楽死の合法要件は

①　患者が耐えがたい肉体的苦痛にさいなまれていること
②　患者は死が避けられず、その死期が迫っていること
③　患者の肉体的苦痛を除去するために方法を尽くし、他に代替手段がないこと
④　生命の短縮を承諾する患者の明示の意思表示があること

の四つであるとする。

同要件は現代におけるわが国の積極的安楽死の一般的許容要件を世に示そうとする意気込み

の上で、精緻な論理を展開して示したものであるだけに、十分合理性のあるものである。しかし、それは確立された絶対的なものではないことを忘れてはならない。そもそも、「判例」といえるものは、高等裁判所の判決以上のものであって、地方裁判所の一審判決は判例としての価値はない。しかも、殺人等生命にかかわる犯罪についてその違法性を阻却するための要件を判例で形成するとするなら、高裁判例でも不十分であり、最高裁判所の、それも大法廷の多数意見によって承認されたものくらいの厳格なものでなければならない。

また、同判決の結論は有罪であって無罪でない。すなわち、殺人の構成要件該当性のほか、違法性の存在も認めた判決であり、したがって、そこで示された合法要件は「主文」に対する「理由」として傍論としてのものにすぎない。同判決自体が「生命及び死に対する国民一般の認識が変化しつつあり、安楽死に関しても新思潮が生まれるようにもうかがわれるので、確立された不変なものとして安楽死の一般的許容要件を示すのは困難である」とした上で、一つの提言として先の四要件を示したにすぎないのである。もちろん、同要件はオランダにおける合法要件とは違いがあるし、わが国内の研究者の中にも異なる見解を持つものがあり得ようし、さらに、本件が起訴された場合、その審理を担当する裁判所が別の合法要件を樹立するかもしれない。ことほどさように、わが国では、安楽死の合法要件は確立していないのである。要するに横浜地裁判決が示した四要件は、合法性判断をする上での一つの参考にすぎない。それにもかかわらず、各マスコミが、これを確固不動の合法要件のごとく取り扱っているのは、医療機関及び一般国民に誤解を与えることになりかねない。この点についても、マスコミの報道のあり方が問題である。

求められる捜査機関による事実解明

以上の点とは別に、女医の弁護士は、抜管については、「家族の希望を受けて治療行為を断念した」のであり、鎮静剤・筋弛緩剤投与については「薬を使うことで、苦悶状態の呼吸を楽にしてあげようとした」と主張しているようである。これは横浜地裁判決が、消極的安楽死の合法要件にも触れ、その場合は、前記④の患者本人の意思表示がなくても、患者の意思を推定されるに足りる家族の意思表示によることも許されると判示していることから、本件がその場合にあたるという主張をする布石としての主張であろう。しかし、筋弛緩剤を投与していて積極的安楽死でないということは無理であろう。

いずれにしても、現段階では、家族側と医師側との事実自体についての主張に大きな距《へだ》たりがある。しかも医師側は、女医本人でなく、弁護士を通じての伝聞供述である。そして、そのいずれもがマスコミの取材に対する応答にとどまる。一刻も早く、捜査官が、両当事者を直接かつ平等に取り調べ、当時の両者のやりとりの事実関係を確定することが求められる。適法・

違法の法的判断は、それを待ってなすべきことである。

4 安楽死合法化論（二〇〇六年五月）
―安楽死の今日的意義―

安楽死とは

富山県の射水市民病院で、二〇〇〇年から二〇〇五年にかけて、五〇～九〇歳台の入院患者七人が装着していた人工呼吸器を、同病院の外科部長が取り外したため死亡したことが発覚、俄然、「安楽死」問題が世の関心を呼ぶことになった。この事件に関する同病院の関係者等、さらにはこれを報じたマス・メディアも、安楽死に関する知見が乏しいか、または誤解があるように見受けられるので、それを指摘しつつ若干のコメントを試みたい。

最も典型的な安楽死とは、安らかに死なせるために致死薬の投与により積極的に生命を終結させる積極的安楽死（殺害型安楽死）をいう。しかし、安楽死はそれに止まらず、治療行為を行わないことにより寿命を短縮させる消極的安楽死（不作為による安楽死）や苦痛除去のため鎮痛剤の投与量を引き上げた結果、その副作用により生命短縮を惹起させる間接的安楽死（治療型安楽死）も安楽死に含まれる。積極的安楽死は死を与えるものであるのに対し後二者は死に近づけるものであるという差異はあるものの、人為的に死期を早める行為であることに変わりはない。今回のケースは人工呼吸器を取り外した場合であるが、それは医療上取り付けるべき人工呼吸器を取り付けなかった場合と価値的に同一視できるから消極的安楽死の一種といえる。本件発覚直後、同病院関係者は「本件は安楽死ではなく、延命の中止である」と釈明したが、延命措置の中止はすなわち安楽死なのであるから、そこにすでに誤解がある。

そして、現在の日本では、安楽死は犯罪である。患者の要請に基づかない場合は殺人罪、要請に基づいた場合は嘱託殺人、承諾があった場合は同意殺人が成り立ち、行為の態様によっては自殺幇助罪になる場合もある。

安楽死につき世界の最先端を走っているオランダも、二〇年前まではこれを違法視し、訴追・処罰してきたが、一九八四年オランダ最高裁が「耐え難い肉体的苦痛を受けている患者から苦痛を除去するには死以外に方法がないときは、その苦痛から患者を助けるべき義務の方が、法を遵守し患者の生命を尊重すべき義務より優越する」と判示したことが契機となって、法律上は違法な可罰的行為であるとしたままで事実上合法とする取扱いがなされ、続いて二〇〇一年遂に一定の要件の下の安楽死を刑法上違法性阻却事由とする立法がなされた。

タブー視される安楽死

しかし、わが国では依然として安楽死をタブー視し、これを合法化する方向への議論は低調である。安楽死の事案が刑事裁判の対象となったのも一〇件前後（そのうち医師が安死術を施したのは二件のみ）で、そのすべてが違法・有罪とされ、適法・無罪とされたものは一件もない。

このように安楽死合法化論が低調なのは次のような理由によるのであろう。

① 安楽死を肯定すると、生命軽視への道にくさびを打ち込み、それを望まない人にまでそれが実行されるのではないかという危惧が生ずること

② 安楽死を実証的に検討するということは、医療の現場にメスを入れることを意味するが、それはこれまで医療関係者だけによって構築されてきた医療現場の秩序と聖域を乱すことになり、これには医療関係者の強い反発が生ずること

③ インフォームド・コンセントが徹底しておらず、オランダのようなホームドクターシステムが確立していないことなどから医師に対する根強い不信感があること

安楽死の今日的意義

しかし今や安楽死に積極的意義を見出すべきである。「生命不可侵」を絶対視する宗教的・倫

理的生命観を前提とする限り、人工の介入によって生命を短縮させる安楽死は神の摂理に反するものとして正当性を持ち得ない。それでは患者は苦痛のフルコースを経た後でなければ死んではいけないのか。生命の意義は「長さ」にあるのではなく、「質」にあるのだとの認識に立ち、その「質」も他人が利益衡量して決定すべきものでなく、本人の「自己決定」にその本質が据えられるべきであるとの考え方への転換がはかられるべきなのであり、そこに安楽死の今日的意義が見出せるのである。

かかる安楽死観に立って、私は次の二つを提言したい。その一は、厚労省・法務省が中心となって、末期医療の実態調査を全国にわたって実施すること。積極的安楽死はともかく、消極的・間接的安楽死は事実上かなり行われていると推測されるのであるが、その実態を浮き彫りにするのである。その上で、第二に安楽死合法要件を策定し、それを刑法上違法性阻却事由として国会審議に付し、適法な安楽死と違法なそれとの区分けを明確にする立法をする。医師はその合法要件を遵守している限り犯罪者の烙印を押されることなく安楽死を実施することができることにするのである。

患者本人の意思の確認

このようにして、わが国でも安楽死合法化に向けての歩みを始めるべきであるが、どの態様の安楽死であれ、合法要件として最も重要なものは、生命短縮を承認する患者本人の意思の存在である。安楽死の正当根拠を自己決定に求める以上この本人の意思は不可欠の要件である。尊厳死を認める立場では、患者があらかじめ延命拒否の意思（リビングウィル）を書面で表明した場合は医師がそれを尊重して人工呼吸器を取り外すなどの医療の停止をしてもそれによる法的責任は負わないとするのであるが、安楽死論においては、本人の意思確認ができさえすれば、書面等の要式行為までは求めない。

ただ、本人の意識が明瞭である場合は、この意思確認が可能であるが、意識不明の場合はどうするか。しかも人工呼吸器を取り付け、または取り外さなければならない事態になったときは、患者が意思表示ができない身体状況になっていることが多い。射水市民病院事件のケースもまさにそういう場合である。かかる場合は、本人の意思表示に代わるものとして家族などの近親者の意向を聞くことになろうが、注意すべきは、近親者自身の意思を聞くのではなく、本人の意思を付度《そんたく》した近親者の意見を聞くのであるということである。すなわち近親者を通じて本人の意思を聞くのである。したがって、長年にわたって同一の家屋に居住し、喜怒哀楽を共にして、本人の心の動きが手に取るようにわかりうる近親者であればこそ本人を代弁する適格者になりうるのである。近親者であっても、長期間本人と離れて生活していて本人と疎遠になっており、さらには互いに怨恨の情を持っている関係にあるような者は代弁適格がない。安楽死事件の捜査にあたってはこの点に十分留意しなければならない。

しかも、このことは、前述した一定の要件の下の安楽死を合法とする立法がなされた場合についていえることであって、現行法上では、安楽死は本人の意思のいかんにかかわらず、違法であることを忘れてはならない。

あとがき

勝敗は時の運、スポーツ競技にあっては競技終了後は勝敗にこだわらないことをもってよしとされる。それが分かっていながら、なお気になる試合が一つある。シドニー・オリンピック男子柔道、一〇〇kg超級の日本・篠原信一対フランス・ドイエの決勝戦である。この書を〆括るにあたり、二〇世紀最後の世界の祭典であるこのオリンピックでの話題を取り上げてみよう。

試合開始一分三〇秒、ドイエが内股をかけたのを篠原がかわし、上半身を使ってドイエを投げた。「内股透かし」という技を使ったのであり、これが切れ味よく成功し、ドイエは完全に仰向けにされ、背中から落ちた。篠原はその直後に打伏せに倒れた。篠原は起き上がるや、直ちにガッツポーズをとった。それは、自分の一本勝ちを確信したポーズであった。本来、この時点で、審判は「一本勝ち」を宣し、試合を終了させるべきであった。ところが、これは〝一本〟ではなく〝有効〟とされた。しかも掲示板には篠原の有効ではなく、ドイエの有効として表示された。

柔道は力技《ちからわざ》の相撲と異なり、相手の力を利用して戦うものである。そこに、〝小よく大を制する〟柔道の特色がある。小兵・嘉納治五郎（講道館創設者）の柔道はそういう柔道の神髄を示すものであった。相手が内股をかけてきたとき、その相手の力を利用し、これをコントロールして逆に相手を倒す技が「内股透かし」である。これは、練度の高い柔道家が相手の動きに条件反射的に、瞬時に反応してのみ成功する高度の技である。したがって、観戦している者も、よほど柔道に精通していないと、この技が成功したかどうかを見極めることができない場合がある。現に、この決勝戦では、ドイエが内股をかけたこと、次の瞬間、二人の体が倒れたことは誰の目にも明確であったが、その際、ドイエの体が一回転して一瞬先に背中から落ちて両肩を畳につけたこと、それは篠原の「内股透かし」の技によったものであることは見分けることが難しかった。のみならず、試合会場の観戦者、テレビの視聴者の中には、この点を見逃したため、篠原がドイエの内股で負けたと思った人もいたことであろう。審判員も、一人の副審は篠原の「一本勝ち」を宣したようであったが、他の副審及び主審はこの点を見落として、ドイエが「有効」であるとしたため、掲示板にはドイエの「有効」として表示された。そして、それが最後まで後を引いて、篠原は負けた。篠原は銀メダルに泣き、金メダルを手中にしたドイエは躍り上がって歓喜した。

この判定をめぐっては、考えさせられる点がいくつかある。まず、この審判がミスジャッジであることは明白である。試合終了後繰り返し放映された問題のシーンを見れば、篠原が「内股透かし」によって相手を見事に裏返しにして倒したことは明白である。鍛え抜かれた者のみが使い得る最高度の技が瞬間的に出て功を奏したのである。素人ならともかく、プロ中のプロであるはずの審判員、それもオリンピック競技の審判員が何故それを見抜けなかったかを疑問に思う。もちろん、審判員といえど神ならぬ身、見る角度等からミスジャッジがあり得るだろう。しかし、それならば、判定に疑念が生じた場合、何故、ビデオを見て問題のシーンを再確認しないのだろう。こういう場合に、近時飛躍的に発達した映像器機の力を利用しない手はない。同じオリンピックの格闘技であるレスリングでは、判定に問題が起きた場合は、審判員が試合を中断して、ビデオを再生させて改めて判定を下していたが、柔道においてそれができない理由はない。

それよりも関心が寄せられるのは、こういうミスジャッジが出た場合の日本人関係者の対応の仕方である。

篠原が一本勝ちのガッツポーズをしたのに、掲示板にはドイエの有効の表示が出たとき、テレビの解説者は「掲示板の表示は間違っている」、「誰か抗議しないと、誤審のまま終わってしまう」と繰り返し指摘していた。しかし、試合場に最も近いところに陣取って、篠原選手に声援を送っていたコーチは直ちに抗議の行動を起こさなかった。試合後に、「掲示板の表示は知っていたが、間違っているんだと思っていた」などとのんきなことを言っていた。

監督も、審判員が動作と言葉でドイエ勝利の判定を下して、畳を降りてから抗議をしたものの、畳を降りるまでは抗議の行動を起こさなかった。柔道の試合では、抗議は審判員が畳から降りる前にしなければならず、畳を降りたあとは抗議をしても無効であるとされているが、元々日本のお家芸である柔道についてのそういうルールを日本の柔道関係者が知らなかったとはいえない。

当の試合をした両選手はどういう態度をとったかといえば、まず、篠原はガッツポーズをして自己の勝ちを全身で示したのに、審判員から負けを言い渡されても一言も抗議しなかった。そして、表彰台に立って、無言で悔し涙を流した。マスコミに尋ねられても、「弱いから負けた。それだけです」と述べただけであった。一方、ドイエは審判員から勝ちを宣せられると小躍りし、コーチと抱き合って喜び、表彰台でも、涙の篠原を横に見ながらなんら悪びれることはなかった。

こういう競技関係者の行動様式を見ると、本来、民族・人種・国家の壁を超え、力と技だけで競うスポーツの世界ですら、歴史・風土、それによって培われた国民性や国民の社会意識の差異が深く浸透していることを痛感せざるを得ない。スポーツはルールに基づいた競技である。したがって、スポーツ競技においてルールを遵守するべきことは至上命令であるが、それだけにルール上の権利は躊躇することなく行使することができるし、またしなければならない。そこでは「権利」意識をどこまで昂めているかが問題となる。ヨーロッパでは、封建時代から既に市民階級が領主の「権力」に対抗して自由と自治を獲得するとともに、対等の人間関係を前提とする〝横わり社会〟を形成し、この横の関係を規制するための「権利・義務」の論理観念を発達させ、〝権利のための闘争〟を常態とし、その闘争型生活の中で自我の確立と個人の尊厳の精神を育《はぐく》んだ。そこでは、権利の実現の場としてスポーツ競技的訴訟が多用され、権利のための闘争の手段として筋道の立った言論が尊重された。

これに対し、わが国では、権力との対決はないまま、人間関係を上下の系列で律する〝縦わり〟的構造の〝世間〟が形成され、権利・義務の論理的観念の代わりに、情緒性を本旨とする「義務・人情」という独特の心情が育ち、闘争精神の代わりに〝和〟を尊ぶ精神風土が培われた。紛争解決手段としても、訴訟は好まれず、「和解」、「調停」がもてはやされ、「権利義務などと四角にものを言わず」、「白黒を決めぬ所に味がある」などと非法律的な処理が尊ばれる。そして、ヨーロッパ人ほど言語の力を頼みとせず、〝沈黙は金なり〟として、〝腹芸〟、〝以心伝心〟、〝肝胆相照らす〟心情を大事にし、黙って向かい合っていてもそれが相手の胸に通ずる、そういう暗黙の了解や〝察し合う〟ことのほうが千万言費やすよりも貴いのであるという信念を持っている。

こういう体質が日本人の遺伝子に入っているため、遅滞なくルール上の権利を行使しなければならないときも躊躇してしまう。そこには、言わなくても腹の底は分かってくれるだろうという無意識の思いもあったのであろう。しかし、日本の沈黙の美徳は国際社会では通用しない。コーチや監督は、掲示板に誤った表示がなされたその瞬間に、大声を上げて抗議するべきであった。試合を中断させてもそれをすべきであった。通常の場合なら、競技者以外の者が試合を中断させるなどというのはスポーツマン精神に悖る所業であろう。しかし、明らかな誤審表示について抗議をしなければ、誤審のまま試合が終わってしまう。これほどスポーツの本義に悖ることはない。現に、その誤審が最後まで尾を引いてしまった。少なくとも、主審がドイエの勝ちの宣言をしたとき、畳から降りる前に、コーチ、監督は共に、抗議の言葉を発するべきであった。もし、審判員がそれに応えずに畳から降りようとするなら、身をもってそれを阻止してでも抗議すべきであった。〝審判絶対〟の幻影に惑わされて、主張すべき権利を堂々と主張しないのは、日本人的には一見立派であるように見えるが、国際的には、ルールに鈍感で、陰でコソコソ言う卑怯者という評価しか得られない。

篠原選手もまた、審判員に一言の不平も言わず、普段泣かない彼が表彰台であふれ出る涙をごつい手で拭った。それに共感した日本人の多くがもらい泣きした。そして、弁解がましいことをいっさい口にせず、ただ「弱いから負けた。それだけです」とのみ言った彼は、潔《いさぎよ》さをモットーとする武士道精神をもった、天晴れな日本男子なりとして賞賛された。

しかし、本当は、彼は「内股透かし」が決まったとき、自分が勝ったと確信したに違いない。あのガッツポーズは、柔道の奥義を極めた者の研ぎ澄まされた運動神経が勝利を確信したときの反応以外の何ものでもない。彼は勝ったのである。客観的にも勝ったし、主観的にも勝ったのである。負けたのは審判員のミスジャッジによるものである。にもかかわらず、「弱いから負けた」と言った。言葉に表わされた内容は彼の真意とは正反対のことである。日本人なら〝以心伝心〟で彼の心が読めるから、「篠原は本当は勝ったし、本人もそう思っているのだが、審判員の判定が下ってからそれを口にするのは女々しいと思い、そう言っただけだ」と理解するであろう。しかし、国際社会ではそうはいかない。彼の発した言葉どおり受け取める。「篠原は、負けを認めた。しかも、その負けはドイエより弱かったからであるということを認めた」と理解する。そして彼の涙は、自分の不甲斐なさを悔いての涙であると考え、究極において、篠原は本当に弱かったのだと認識されてしまう。そのように思われることは篠原にとって心外であろう。「本当は自分は勝ったのである。審判員がミスジャッジしたから形の上で負けただけである。審判員はもっと確かな目をもってもらいたい」と言いたかったのであろうからである。建前と本音を使い分ける精神構造は日本国内では通用しても国際社会では通用しない。

一方、ドイエが何のてらいもなく優勝したことを喜んでいる姿に対し、日本では「こんな勝ち方で嬉しいのか、武士道に反する」という批判が寄せられた。しかし、フランス人のドイエにとって、「ジュウドウ」はスポーツの一つであって、武士道とは関係ないのである。審判員のジャッジが自分に有利なものであれば、それを素直に喜びこそすれ、内心忸怩たるものを感じる必要はないのである。勝ちは勝ちなのである。ここにも意識のもち方の違いがある。

法的な紛争が生じたとき、その解決の手法にも国民性が色濃く影響する。日本人相互間の場合ならいざ知らず、国際的なそれの場合は、論理性を軽視し、情緒性だけで対応することの危険性を痛感する。日本の〝沈黙〟の美徳も国際社会では通用しないことを思う昨今である。

土　本　武　司　つちもと　たけし
1960（昭和35）年検事任官，東京地方検察庁，東京高等検察庁，法務総合研究所，最高検察庁を経て，1988（昭和63）年筑波大学教授，同社会学類長，中央大学大学院・同法学部・早稲田大学法学部各講師，オランダ　ライデン大学・ユトレヒト大学各客員教授，1998（平成10）年筑波大学名誉教授，帝京大学法学部教授，2005（平成17）年白鷗大学法科大学院教授，2007（平成19）年同院長。法学博士。

《主要著書》

現代刑事法の論点･刑法編（東京法令出版）
現代刑事法の論点・刑事訴訟法編（同）
捜査官のための証拠法の理論と実際（同）
法の学び方・考え方（同）
刑法教室総論（同）
刑事訴訟法要義（有斐閣）
過失犯の研究（成文堂）
航空事故と刑事責任（判例時報社）
正義への執念（ＮＨＫ）
図解刑法（立花書房）
図解刑事訴訟法（同）
民事と交錯する刑事事件（同）
行政と刑事の交錯（同）

証拠は語る―光る真実・消える虚構―

平成19年９月１日　　初版発行

著　者　土　本　武　司
発行者　星　沢　哲　也
発行所　東京法令出版株式会社

112－0002　東京都文京区小石川５丁目17番３号　03(5803)3304
534－0024　大阪市都島区東野田町１丁目17番12号　06(6355)5226
060－0009　札幌市中央区北九条西18丁目36番83号　011(640)5182
980－0012　仙台市青葉区錦町１丁目１番10号　022(216)5871
462－0053　名古屋市北区光音寺町野方1918番地　052(914)2251
730－0005　広島市中区西白島町11番９号　082(516)1230
810－0011　福岡市中央区高砂２丁目13番22号　092(533)1588
380－8688　長野市南千歳町1005番地
〔営業〕TEL 026(224)5411　FAX 026(224)5419
〔編集〕TEL 026(224)5412　FAX 026(224)5439
http://www.tokyo-horei.co.jp/

ISBN978-4-8090-1154-2